Denis Lafay

# Mal

## Est-on seul coupable de ses crimes ?

*éditions de l'aube*

## Du même auteur

Aux éditions de l'Aube

*DémocratIA*, 2024

*Où va-t-on ?*, 2022

*Maintenant, on fait quoi ?*, 2020

*Un éloge de la fragilité*, 2018; Mikrós essai, 2021

*Jean Ferrat, c'est beau la vie*, 2020

*Pour une véritable communauté humaine*, 2017

*Une époque formidable*, 2016

Chez d'autres éditeurs

Jean-François Delfraissy, *Un médecin au front*, Seuil, 2023

*Chienne de vie*, El Viso, 2022

*Najah Albukaï, Graver la mémoire*, El Viso, 2022

Du même auteur, en dialogue

Laurent Berger, *Quelle société veut-on ?*, 2021

Michel Troisgros, *Le plaisir de faire plaisir*, 2021

Edgar Morin, Pierre Rabhi, *Frères d'âme*, 2021

Pascal Picq, *Crise, et si c'était notre chance ?*, 2021

Robert Misrahi, *Petit manuel de bonheur à l'usage des entrepreneurs… et des autres*, 2020

Éric Dupond-Moretti, *Le droit d'être libre*, 2019; 2021

Pascal Picq, *S'adapter ou périr*, 2019

Pierre Rabhi, *J'aimerais tant me tromper*, 2019

Axel Kahn, *L'éthique dans tous ses états*, 2018; 2020

Alain Touraine, *Macron par Touraine*, 2018

Laurent Berger, *Au boulot !*, 2018

Jean Ziegler, *Les murs les plus puissants tombent par leurs fissures*, 2018

Yves Michaud, *Aux armes citoyens !*, 2018

Michel Troisgros, *La joie de créer*, 2017

Étienne Klein, *Sauvons le Progrès*, 2017

Edgar Morin, *Le temps est venu de changer de civilisation*, 2017

Le monde ne sera pas détruit par ceux qui font le mal, mais par ceux qui les regardent sans rien faire.

Albert Einstein

Politiquement, la faiblesse de l'argument du moindre mal a toujours été que ceux qui choisissent le moindre mal oublient très vite qu'ils ont choisi le mal.

Hannah Arendt

# L’histoire

## Je me présente

Je ne m'appelle pas. Je n'ai pas de nom. Je n'ai pas d'identité. Je n'ai pas d'âge. J'ignore tout de mon ascendance – si elle existe –, je ne sais rien des voies par lesquelles je suis arrivé ici, je ne connais rien de la, ou des origines qui m'ont conduit là. D'ailleurs, je suis bien incapable de définir ce que je suis. Ai-je une taille ? Une couleur ? Une odeur ? Suis-je infinitésimal ou immense ? Agile ou statique ? Suis-je visible ou indétectable ? Ai-je une forme, suis-je une forme, formé-je une masse ou suis-je indiscernable ? Impossible de répondre : je ne me vois pas, puisque je n'ai pas d'yeux.

Mais alors, m'objecterez-vous, comment puis-je émettre ces questions ? Comment puis-je faire surgir de *je ne sais où* des sujets dont il faudrait au préalable connaître l'existence, comment puis-je m'exprimer avec des mots qui ne correspondent pas à mon environnement, comment puis-je dialoguer avec vous au sujet d'une réalité que je ne peux pas percevoir ? Puisque je ne me vois pas, puisque je ne sais pas si j'ai une forme, si même je suis une substance matérielle, comment m'autorisé-je une telle audace ?

Eh bien, il se trouve que j'ai une conscience, j'ai peut-être même un esprit. Oh, je ne dirai pas une âme, ce serait une imposture, ou alors une âme nauséabonde, maudite, une âme-poison – c'est ainsi qu'ils la jugent, en tous les cas.

Cet esprit sans visage ausculte, anatomise ce qui est vivant. Ce qui vit près de lui, mais aussi loin, très loin, là où personne ne peut le soupçonner de *tendre l'oreille*. Bien sûr, là encore, il s'agit en apparence d'une absurdité, d'une loufoquerie incognoscibles : comment peut-on tendre une oreille qu'on ne possède pas ? Mais j'aime employer ces détours lexicaux, ces astuces allégoriques dont l'espèce humaine, que j'observe avec délectation, raffole.

Donc, je reprends : mon esprit ouvre les yeux et tend l'oreille sur tout (ou presque) de ce que le monde des vivants *fait*. Et s'il faut préciser les manifestations, les sens de ce *faire*, je n'ai pas fini ! Aime, détruit, asservit, libère, épanouit, aliène, soigne, anéantit, répare, ensemence, menotte, irrigue, chloroforme, enterre... Les pages que le conteur m'offre dans ce livre ne suffiraient pas à recenser les actes bienveillants et malfaisants dont les hommes, les animaux, et parfois même les végétaux, sont les auteurs.

Mon esprit procède comme une éponge invisible qui absorbe, sans filtre, les altérités de ce vivant pluriel, et en particulier celles de cette humanité des hommes que je vois et j'entends capables de bien, et plus encore de mal. Puis je presse l'éponge : ma conscience examine le butin, elle le tamise et fonctionne tel un buvard qui élimine le superflu et conserve l'essentiel. Et c'est de cette matière que je me nourris pour ensuite, moi-même, agir.

Car, oui, j'agis.

Il y a quelques jours ou de nombreuses années – le temps constitue un repère indéchiffrable –, j'ai commencé à me reproduire. Plus tôt, j'avais croisé un « autre », quelque part dans cette espèce de lacis où j'étais terré, cet écheveau d'orifices et de tunnels d'où je continue de reluquer le spectacle du monde. Je ne l'avais jamais rencontré auparavant, ou alors j'avais fait preuve d'indifférence, je ne sais pas. Nous nous plûmes instinctivement. Plaire est pourtant un verbe mystérieux, il occupe une place délicate dans mon vocabulaire, je l'emploie peu car la sensibilité et l'émotion ont tari dans mon esprit, il m'est devenu étranger.

« Cet autre » devint donc « mon autre » lorsqu'il accepta d'être soumis à mon autorité et à mon projet. Ah, « mon autre »… J'avais l'impression d'être enfin du cénacle de ces dirigeants du *monde observé*, suzerains d'une organisation patriarcale et féodale, maréchaux d'une cohorte d'ardents soldats, exécuteurs d'un pouvoir extatique ; et voilà que cet « autre » acceptait d'être mon complice au service d'un projet alors encore inavouable, et de toute façon alors encore indéterminé. Cet allié, surgi tel un divin miracle, un signe prophétique, se révélait être la brique ultime pour achever ma composition, l'élément décisif qui faisait défaut à mon projet, plus précisément à cette œuvre à laquelle je promettais l'accomplissement parfait. Il ferait de moi un démiurge.

Alors, « mon autre » et moi nous sommes assemblés ; de l'intrication des matières qui *nous* constituent ont jailli dix, cent, puis des milliers, des centaines de milliers d'« autres ». Rigoureusement ordonnés, ils me sont assujettis par une discipline qu'applaudirait tout despote plastronnant devant le défilé annuel de ses contingents de séides.

Ces « autres » ne sont pas dépourvus d'un esprit, et celui-ci n'est pas atrophié ou plus pauvre ; simplement il est cloué à une conscience qui, elle, converge, aimantée, vers la mienne. Quelle jouissance… Sans un mot – puisque nous ne produisons pas de son et sommes liés par un langage incompréhensible des humains –, mon esprit commande leur conscience, tour à tour il l'enflamme et l'apaise, la gronde ou la louange.

Je les ai subdivisés selon une organisation stricte : des sections forment un escadron, les escadrons forment un bataillon, les bataillons forment des brigades, et les brigades forment une division. À la tête des divisions, « les autres » que je perçois comme les plus malicieux, les plus entreprenants, les plus stratèges – sans doute potentiellement les plus factieux. À l'autre extrémité de la hiérarchie, les plus abrutis mais aussi les plus loyaux de mes serfs, ceux que le phénomène de groupe éblouit et assimile à de dévoués féaux. Ils sont essentiels, et ne le sont pas moins que les généraux. Entre eux, une succession de strates décisionnelles, structurées selon la taille des unités et la bravoure des profils.

Ces responsables médians constituent, je le sais, la clé de voûte de mon dispositif. Je le sais, car j'ai méticuleusement décortiqué la cause des déconvenues qui ont émaillé la campagne militaire russe en Ukraine ou ont vulnérabilisé des collectifs de travail confrontés à une épreuve ou à des succès soudains ; ils avaient en commun un déficit aigu de « management intermédiaire » – c'est là que se situe l'articulation des commandements : celui que l'on reçoit des supérieurs et celui que l'on exerce sur les subordonnés – résultant de l'ego délirant de leur chef, fasciné par la verticalisation et la déification du pouvoir. Vous l'avez deviné, et d'ailleurs je l'assume avec aise : mon *hubris* n'est pas moins dilatée que la leur, mais leurs erreurs m'ont enseigné la clairvoyance et la sagesse.

Reste à répondre à *la* question cardinale : maintenant qu'elle est formée, que faire de cette légion de 640 772 fantassins ? À quel dessein puis-je arrimer cette formidable obéissance collective qui semble magnétisée par ma personnalité ? Soyons honnête : j'ignore les ressorts qui ont conduit à cet envoûtement, j'ai l'impression d'être un usurpateur qui feint d'être charismatique. D'ailleurs, s'ils savaient… Oui, s'ils savaient que les fondements de cette autorité sont d'argile, sont d'une extraordinaire fragilité. Sont sans… fondement, puisque j'ignore même à quelle intention je la soude ! Mais après tout, est-ce grave ? Je ne pense pas, et profitons que l'édifice de papier résiste solidement à la vacuité qui occupe son espace. Patience.

Patience récompensée. Eurêka. C'est souvent au moment le plus improbable que surgit l'inattendu tant espéré.

C'était peu de temps ou très longtemps après, je ne sais plus – je crois vous l'avoir déjà indiqué, le temps est une notion abstruse. Je passais en revue une brigade. J'étais concentré, ou plutôt je donnais le change, car l'ennui me dévorait. L'ennui que m'inspiraient ces « autres » si malléables, si serviles, ces « autres » que j'avais domestiqués sans aménité particulière et pourtant avec tant de commodité. Décidément, cette sujétion était incompréhensible. Mais bon, ne nous plaignons pas ! Et donc, c'est ce désœuvrement, cette torpeur languissante, que l'idée, jaillie miraculeusement, foudroya sans aucun ménagement. Les chrétiens y auraient décelé l'intervention d'un thaumaturge, je me garderai bien d'un tel délire mystique. Pris d'une hystérie jouissive, je quittai brutalement la scène, me repliai dans mon esprit, puis commençai de conspirer. Le projet venait de naître, j'allais maintenant l'organiser puis le déployer.

Difficile de décrire avec justesse ce que j'éprouvais face à ce spectacle. Une alchimie qui entrelaçait fierté, puissance, exultation. Devant moi, plusieurs centaines de milliers d'« autres » paradant pour leur souverain. Et ce seigneur, c'était moi.

Rarement avais-je assisté auparavant à une telle démonstration de force. Bien sûr, il y avait eu Xi Jinping, Kim Jong-un, Idi Amin Dada, Fidel Castro, Pol Pot ou Staline; plus loin dans ce que vous dénommez « l'histoire », Caligula, Hannibal, Gengis Khan ou César; et entre ces deux extrémités, une mosaïque de royaumes, de tyrannies qui fanatisaient les vassaux. Mais dans ces empires, l'exaltation sonnait comme un vieux Pleyel désaccordé, elle résultait davantage d'une conversion artificielle que d'un suffrage spontané, le mécanisme de glorification convoquait la terreur plus sûrement qu'il germait dans une foi, une adhésion naturelles. Seul Adolf Hitler m'avait paru cimenter sa fascinante popularité dans la disposition véritable de ses affidés pour son dessein rapace, pour son idéal nationaliste et génocidaire.

En toute humilité, je devais le reconnaître – et m'en réjouir –: mes obligés m'étaient convertis sans que je prononce la moindre menace. S'ils s'étaient doutés combien ma flamboyance est factice, combien la couardise étrangle mon courage et me dicte parfois l'abdication la plus vile… Connaît-on des soldats capables de courir à la mort pour un sire enseveli sous sa lâcheté?

Le moment était venu d'affecter cette canaille à un projet, et ce projet était désormais limpide. Face à moi, les garnisons de différentes tailles s'enchâssaient avec fluidité, telles des poupées russes. Sections, escadrons, bataillons, brigades et divisions composaient un essaim rigoureusement ordonné, au sein duquel chaque officier ou sous-officier exécutait des tâches clairement définies.

Je trônais au-dessus d'eux, ils attendaient mon signal. Je demeurais silencieux, je continuais de patienter, j'étirais le plaisir de contempler cette scène indescriptible. Je savais qu'une fois rompue, une fois les régiments dispersés dans leurs missions, plus jamais peut-être elle ne se reproduirait.

Je résistai encore un peu, puis l'allégresse narcissique provoquée par le spectacle s'effaça devant l'excitation du projet, la confusion des deux sentiments déclenchant ma notification. Instantanément, les troupes s'éparpillèrent dans les milliers de galeries et de boyaux qui configuraient le terrain de leur besogne.

Je me retrouvai seul, avec pour unique compagnie « mon autre », mon état-major et les agents de liaison chargés de m'informer de l'évolution du dispositif. Pour l'heure, m'indiquaient-ils, aucune entrave, aucune opposition ne freinait la progression fulgurante. Celle-ci allait même atteindre son but en un *temps record* – voilà que j'emprunte aux hommes une mesure qui m'est étrangère.

« Mission accomplie ! » s'exclame, euphorique, mon aide de camp.

Il serre de ses mains rougies, bleuies par l'effort, le cou du jeune garçon. Le jeune garçon, coincé entre deux rochers, se débat, tente de hurler, d'attraper une branche ou une pierre, mais ses doigts saisissent seulement de l'air et un peu d'herbe, il cherche désespérément une prise à laquelle il pourrait raccrocher la vaillance qui l'abandonne, les résidus de vaillance qui se dispersent. Les traits de son visage se déforment et deviennent stigmates, ses paupières se plissent, ses yeux se révulsent, ses lèvres sont gonflées de douleur, de son nez s'écoule un flot ininterrompu de sang qui gicle sur les ongles du bourreau, de sa bouche jaillit un jet pourpre qui recouvre les habits du tortionnaire.

Le corps du jeune garçon crie ce que la voix, étouffée, doit taire, il se cabre, se contorsionne, il s'ébroue de spasmes d'abord vigoureux puis timides puis éteints, son tronc immobilisé par l'agresseur laisse son bassin et les articulations de ses jambes s'agiter vainement.

Le jeune garçon halète, il vagit, les pauses espacent le rythme, de plus en plus saccadé, des inspirations et des expirations, sa respiration devient irrégulière et apnéique, les muscles qui torsadent sa poitrine subitement se détendent. Il aurait dû mourir, ce jeune garçon qu'Alexandre avait convié à une partie de pêche, Alexandre déflagré, envahi par le désir irrépressible de supplicier lorsqu'il avait vu le jeune garçon ramener vers la rive du ruisseau le fil vigoureusement tendu dans l'eau. Ce fil au bout duquel s'accrochait un trophée, ce trophée qui se refusait depuis le début de l'après-midi à Alexandre, ce trophée qu'aucune autre *Truite* que celle de Gustave Courbet ne pouvait mieux représenter. Alexandre qui, les yeux débridés et le regard imperturbable, étrangle, Alexandre qui, d'une poigne prodigieuse pour son âge, strangule méthodiquement, Alexandre qui, sans plaisir ni haine, simplement cruel, embolise férocement la vie de sa proie.

Du sentier surplombant la cavité dans laquelle les deux adolescents d'une douzaine d'années s'écharpent, un promeneur surprend la scène. Il se précipite en contrebas et délivre le jeune garçon. Le massage cardiaque qu'il lui prodigue ranime le jeune garçon, pendant qu'Alexandre assiste, pétrifié, au sauvetage. Livide, mutique, statufié, il observe l'indicible meurtre qu'il a tenté de commettre. Le promeneur se saisit sans peine d'Alexandre, hèle un flâneur pour qu'il lui vienne en aide, et attend l'arrivée des policiers et des pompiers.

Le jeune garçon est ressuscité, Alexandre est menotté.

Alexandre n'a pas vu ses parents depuis cinq jours. À la garde à vue au commissariat de Lorient ont succédé d'interminables étapes procédurales, autant judiciaires que médicales, destinées à évaluer sa santé mentale, à circonscrire son degré de responsabilité et à déterminer l'issue du cauchemar. Il est retiré de l'école – où d'ailleurs son esseulement et ses inimitiés préoccupaient les enseignants – et se retrouve cloîtré dans un établissement pédopsychiatrique de la cité bretonne.

Alexandre est un bel adolescent. Grand, mince, ses boucles blondes coiffant un visage émacié, il arbore un regard serein, souvent éclairé par un large sourire. Une entaille imparfaitement cicatrisée ombre avec discrétion la commissure de sa lèvre supérieure, le cou révèle un entrelacs de veines tendues qui semblent faire exploser la peau.

« Comment cet enfant d'apparence si sage s'est-il mué en bête sauvage ? » s'interroge l'aréopage de spécialistes qui, plusieurs heures par jour depuis son internement, l'examine et cherche à comprendre. Tue-t-on parce qu'un camarade soutire au courant d'un ruisseau le poisson qui s'est dérobé à sa propre canne à pêche ? La solitude et le rejet affectifs auxquels Alexandre habituait compagnons et professeurs à l'école pouvaient-ils augurer une telle démence ? Psychose, névrose, hallucination, hébéphrénie, paranoïa, bipolarité, schizophrénie, perversion, lypémanie, dépression... De quelle maladie, de quel trouble de la personnalité Alexandre souffre-t-il qui puisse enclencher une folie aussi torrentielle ? D'ailleurs, confie un membre du collège médical mobilisé sur son cas, existe-t-il seulement une pathologie reconnue à laquelle un acte à la fois si extravagant et si juvénile puisse être identifié ?

Le désemparement a gagné enquêteurs de police et psychiatres, l'hébétude terrasse les parents d'Alexandre, l'ensemble de la communauté au chevet de ce « cas extraordinaire » partage une même incrédulité.

Une armada de médecins, de psychologues, d'infirmiers et de gardiens se relayant jour et nuit se consacre à disséquer cette conscience, cette âme, sans espoir sérieux de les soigner, sans aucun espoir de les guérir. L'heure est d'abord à l'expertise.

Les premiers entretiens diagnostiquent une impavidité, une insensibilité froides, une capacité compassionnelle et émotive anémique, une disposition pauvre à la colère ou à la joie, à la tristesse ou à la honte. Alexandre ne manifeste ni remords ni embarras, il apparaît incapable d'établir une démarcation entre la normalité et son antonyme, son impulsivité semble s'être évaporée. Le professeur Pierre Servent-Trieber qui conduit l'investigation le soumet à un scanner du cerveau. « Il n'y a pas de doute, déclare-t-il quelques jours plus tard. La présence excessive du gène SLC6A4, responsable de la production de sérotonine, et du gène MAOA, dit "du crime" et qui intervient dans l'inhibition de la sérotonine et de la noradrénaline, démontre une prédisposition spectaculaire à la psychopathie. »

Le mot est lâché. Certes, le narcissisme et le machiavélisme, autres symptômes typiques de la maladie, ne sont pas avérés ; mais Alexandre en exhibe un supplémentaire, la séduction, qui ne laisse aucun doute sur le verdict.

Le protocole thérapeutique peut débuter, et le corps médical jubile : de la justice, de l'Ordre professionnel et des parents d'Alexandre, il obtient l'autorisation d'appliquer sur ce « cas exceptionnel » des expérimentations médicamenteuses inédites.

Évidemment, le strict isolement s'impose. Il est inenvisageable qu'Alexandre partage le moindre instant avec les autres patients internés, fussent-ils adultes.

L'établissement hospitalier est d'une grande austérité. Les hautes façades de pierre de taille gris sombre composant le bâtiment principal sont percées d'orifices régulièrement disposés, certains lardés de puissants barreaux, qui diffusent dans les pièces, toutes impersonnelles, une pâle lumière. Au fond du parc, dissimulée sous un maquis de peupliers, d'ormes rouges et de hêtres, une discrète dépendance est adossée à la fortification, ces murailles infranchissables au-delà desquelles la vie est en vie, en deçà desquelles la vie agonise.

À l'intérieur de la bâtisse s'organise l'existence d'Alexandre, que ses parents sont autorisés à visiter une heure par mois. Une grande pièce fait office de chambre, une succession de lucarnes horizontales, suffisamment étroites pour dissuader toute évasion, constituent son seul lien *libre* vers l'extérieur. Un lit, une table de chevet, un bureau, une penderie composent le mobilier, les lampes sont activées de sept heures à vingt et une heures.

Trois fois par jour, cornaqué d'un gardien, Alexandre peut arpenter certains chemins du parc, inaccessibles au reste de la communauté occupant la propriété. La journée est consacrée aux soins, rythmés d'examens et d'exercices, de lectures et de dialogues – la thérapie consiste à ce qu'il s'approprie la place des victimes et découvre le sentiment de douleur afin d'apprendre à lui opposer celui d'empathie et d'affection –, elle est cadencée aussi d'interminables périodes de solitude et de silence qu'il traverse sans ennui ni exaspération particuliers.

## On fait le dos rond

« Mission accomplie au-delà des plus folles espérances », poursuit, exalté, mon aide de camp. Songez : aucun de mes 640 772 soldats n'a rencontré d'obstacle, tous sont de retour, indemnes. Je ne peux même pas galvaniser les troupes en décorant à titre posthume quelques valeureux martyrs ou en honorant des rescapés : aucun « autre » ne manque à l'appel. Si vous pouviez les admirer se présentant devant moi, parfaitement alignés et regroupés selon leur corps d'armée : quel spectacle grandiose ! Jamais, dans la communauté des hommes, pareille parade n'a été orchestrée, qui plus est au retour des combats. Le silence est absolu, j'en suis le premier impressionné.

J'indique à chaque hiérarque, de la simple section à la prestigieuse division, de s'écarter de son régiment et de s'approcher de moi. Et tant pis si personne ne le *voit* – je vous rappelle qu'aucune de ces descriptions n'est visible de nos yeux (j'ignore si nous en possédons) et j'imagine qu'elle ne l'est pas davantage des vôtres – : l'essentiel est que chacun des 640 772 esprits *ressente*. Flatter *en même temps* et *ostensiblement* l'ego de tous les responsables est triplement vertueux : l'individu de base se croit, à mes yeux, l'égal de ses supérieurs – sans que l'autorité de ces derniers en soit affectée – ; cette condition favorise la constitution d'un collectif solidaire; enfin, ma majesté se trouve parée d'un nimbe qui illumine un peu plus encore ma prépotence.

Je me retire de la scène, voilà que « mon autre » m'attire dans un recoin discret. Mon aide de camp et mes maréchaux m'y attendent. L'allégresse a reflué, je devine que leur esprit veut communiquer au mien une préoccupation, peut-être une mise en garde.

Je comprends que cette campagne militaire triomphale pourrait ne pas se reproduire aussi aisément. L'objectif a certes été atteint, mais l'adversaire n'a pas capitulé. Il a été totalement surpris par notre attaque, mais il va fourbir ses armes, nous devons nous préparer à une riposte d'envergure. Elle pourrait être sournoise ou massive, constellée ou invasive. Peu importe, après tout, puisque nous ne pouvons pas l'anticiper. Mais la probabilité qu'elle se déclenche prochainement est grande, prévient mon état-major.

« Bien, rétorqué-je, que proposez-vous ?

— D'attendre. Nous n'avons pas d'autre choix. »

L'attente est brève.

Notre terrain de guerre est formé d'un enchevêtrement inextricable de conduits d'épaisseur et de compositions variables. Ces conduits peuvent être d'exigus boisseaux ou des goulottes dilatées, de sinueux viscères ou des avenues rectilignes, de capricieuses anfractuosités ou de béantes canalisations. Ils confectionnent un labyrinthe indémêlable dont les ramifications semblent infinies. Les 640 772 « autres » sont trop peu nombreux pour assurer la surveillance de ce méandre anarchique et indéchiffrable, il faudrait dix fois plus de sentinelles pour sécuriser chaque tunnel menant au refuge, cette forteresse d'où, escorté de mon état-major, j'orchestre la stratégie et dicte les ordres.

Et voilà que l'offensive surgit. Déferle. Dévaste mes troupes. Aucune position, aucune tranchée, aucune bravoure ne peut résister au déchaînement de cette colère. Elle s'abat par-dessus, par-dessous, de chaque côté des parois sous lesquelles mes régiments se sont barricadés.

Le courage ne les abandonne pas, ils ne manquent pas d'équipements. Simplement le rapport de force est trop inégal, et surtout l'ennemi recourt à des armes auxquelles ils ne peuvent opposer aucun barrage. Ces armes sont inconnues, elles prolifèrent à une vitesse inconnue, elles répandent une substance létale inconnue. Chaque nouvelle coulée de cette ciguë trucide mes guerriers.

Je décrète le retrait tactique, prononce les urgences à accomplir, désigne les officiers coordonnateurs.

Le recensement des rescapés me glace. Seuls 280 553 « autres » ont survécu, la plupart d'entre eux sont parvenus à se dissimuler dans des intervalles inaccessibles aux adversaires. Heureusement, l'abri d'où je convoque leur rassemblement autour de moi semble, lui aussi, hermétique à ces attaques ravageuses.

Ces 360 219 martyrs ont péri, ils se sont dissous, envolés, éparpillés, je ne sais pas. Mais l'extinction de ces esprits n'affaiblira pas la détermination future des 280 553 restants, j'en suis convaincu. L'une de mes prouesses est d'avoir coalisé *tel un seul homme* – permettez-moi de rire de cette métaphore ! – l'ensemble des esprits sans que la défaillance, l'éclipse ou le trépas d'un seul d'entre eux affecte le moral des autres.

Dans ce que vous dénommez la barbarie du XXe siècle, de l'Espagne à l'Allemagne en bifurquant vers l'Italie, j'ai beaucoup appris des méthodes de *management militaire*, de *stratégie belliciste* et d'*endoctrinement des consciences* initiées par mes maîtres ; c'est maintenant l'épreuve de vérité : je vais les mettre en œuvre pour organiser la résistance et la riposte. C'est quitte ou double. Mais avant ça, étudier l'origine et les manifestations de cette déroute, opposer une parade infaillible à ces armes, reprendre des forces, et se reproduire. Je le sais : je peux compter sur la fidélité de « mon autre » pour exaucer ce dernier impératif, et sur celles de mon état-major pour effectuer les premiers.

Et d'abord, se mettre en sommeil.

Attendre.

Attendre que le flot de curare déversé à intervalles réguliers ralentisse puis s'estompe puis s'interrompe.

« Imprévisible », « spectaculaire », « miraculeuse » : les termes auxquels les soignants recourent pour qualifier l'évolution de la santé mentale d'Alexandre témoignent de leur stupéfaction. Interné depuis quatre ans et demi, ce cas si singulier n'a jamais cessé d'étonner le collège d'observateurs – médecins, infirmiers, enquêteurs de la police, procureur et juge d'instruction, famille – affairé à l'examiner.

Retour en arrière.

Seulement huit mois après son encellulement, la rédemption apparaît si impressionnante que l'autorisation de le mêler aux autres patients est promulguée à l'unanimité. Au début très parcellaire et confinée aux promenades dans le parc de la propriété, elle est progressivement étendue à un déjeuner hebdomadaire, puis à l'ensemble des repas quotidiens, aux pratiques sportives, et à certains ateliers d'éveil et de dialogue collectif. Alexandre rentre toutefois le soir dans son pavillon, personne n'osant risquer de l'exposer à des situations de conflit à l'issue potentiellement criminelle.

Ses accompagnants sont saisis par les progrès de l'adolescent. Lui que l'école avait encoffré dans la réclusion et enclos dans les tourments, se révèle ici étonnamment sociable, prévenant. Rarement le sourire s'efface, ou alors parce que l'assiette de brocolis insipides ou le bol de fruits fades malmènent son palais.

Il poursuit sa croissance, sa beauté et son charisme ne déclinent pas, bien au contraire. Son intelligence est régulièrement mesurée. Ses capacités intellectuelles, ses facultés cognitives sont hors du commun. Point d'aporie dans ses raisonnements, dont la fluidité et la cohérence déroutent. Plus étonnant, sa disposition émotionnelle et morale emprunte une courbe parallèle, loin de la dissymétrie que les experts avaient pronostiquée au moment de son incarcération.

Les jeunes soignants venus accomplir leur stage lui réservent une attention particulière, colorée d'affection admirable pour ce qu'il devient et de fascination morbide pour ce qu'il a perpétré. La métamorphose épate, la catharsis est bouleversante.

À bientôt dix-sept ans, Alexandre est désormais un « taulier » de l'établissement psychiatrique. La majorité des autres patients ont quitté l'enceinte, la plupart des soignants, épuisés par le labeur, se sont eux aussi éloignés. Plus personne ne « le réduit » à la tentative de meurtre qui, finalement, donc, aura abouti*.

* Ah, au fait : le jeune garçon n'a pas survécu à la tentative de meurtre. Il n'est pas mort des mains d'Alexandre, mais des orages, des tempêtes, puis des ouragans qui, plus tard, ont dévasté son crâne. Au début, de fines gouttes de pluie froide ruisselaient sur les parois de son âme. Il n'y prêtait pas attention et les chassait prestement. Ensuite, elles commencèrent de condenser, elles

formèrent de brèves mais diluviennes giboulées qu'il peinait de plus en plus à écarter. Un jour, une violente rafale suivie d'un déluge ininterrompu s'abattit à l'endroit précis de son cerveau où il équilibrait et harmonisait ses émotions.
Ce jour-là, la foudre accomplit un méfait irréversible. De ce jour-là, plus aucun vent, plus aucun rayon de soleil ne parvint à refouler ni même à contenir les tornades funestes qui hurlaient leur forfait. Les reliefs de sa tête s'étaient peu à peu cabossés, mutilés, ils s'étaient ajustés aux tortures qui terrorisaient son âme.

Pour l'anniversaire de ses quinze ans, ses parents, son frère aîné et ses deux jeunes sœurs avaient préparé une fête à laquelle ils avaient convié les quelques camarades qui résistaient encore à son calvaire et acceptaient de lui conférer de la considération – à défaut d'amitié. La veille, les démons avaient massacré le crâne du jeune garçon, ils s'étaient relayés et avaient frappé, sans relâche, son âme, ils n'avaient laissé aucun répit aux ressources bien dérisoires qu'il cultivait depuis quelques mois dans la drogue, les médicaments et l'alcool.
Empoignant un marteau puis une hache, commandant ses mains, qu'il parvint à dissocier du reste de son corps et à isoler de sa conscience malgré l'indicible douleur, le jeune garçon fracassa sauvagement sa tête, dans l'espoir que la géhenne cesse. L'enfer se déroba enfin au jeune garçon. Le jeune garçon venait de se délivrer de l'enfer, l'enfer s'installerait désormais dans sa famille.

Les entailles affectives que les psychologues avaient décelées chez Alexandre ont cautérisé. À peine devinent-ils quelques cicatrices sous lesquelles l'infection semble définitivement jugulée, et les purulences paraissent éteintes.

Ce qu'il a commis une cinquantaine de mois plus tôt demeure partiellement inexplicable, et l'origine ou les causes restent impénétrables même si la pathologie psychopathique est avérée.

Invités à l'observer longuement derrière une vitre sans tain, les promeneurs qui avaient interrompu la scène macabre puis les policiers venus arrêter Alexandre sont sidérés : ce visage, devant eux, si doux, si ardent, si joyeux, ce regard qui réverbère tant de bienveillance et de générosité, ces yeux qui dardent une sensibilité et une bonhomie lumineuses, par quels mystères chimiques, psychiatriques, peut-être mystiques, s'étaient-ils un jour autant déformés, s'étaient-ils un jour rendus si cruels ?

L'expression de sa puberté n'a pas souffert des sévères protocoles médicamenteux. Alexandre traverse son entrée et son passage dans l'adolescence éveillé aux mêmes tourments, aux mêmes extravagances, aux mêmes pulsions que tout autre enfant de sa génération.

Les émotions amoureuses et son attirance pour des jeunes filles un peu plus âgées que lui, au début agitèrent ses rêves, puis enflammèrent ses songes. Maintenant que son corps est adulte et que son esprit irrigue des sentiments et une maturité précoces, il met à l'œuvre une disposition peu commune. Sa beauté, sa vivacité intellectuelle, son assurance et, bien sûr, cette ancienne tache sur le tableau immaculé sculptent un charisme singulier et façonnent un séducteur peu résistible.

Dans l'aile sud du bâtiment central sont regroupées quelques vingtenaires, toutes des femmes, soignées pour des troubles de l'alimentation, anorexiques et boulimiques. Dans la tour opposée, d'autres jeunes femmes pansent des dépressions nerveuses, soulagent un désespoir, apaisent un supplice, évident un cauchemar, suturent un viol, comblent une solitude, brûlent la corde qu'elles jurent encore salvatrice. Aucune d'entre elles n'est indifférente au charme d'Alexandre. Parfois, quelques-unes échappent avec malice aux surveillances et profitent des promenades dans le parc pour le retrouver. Alors ils se calfeutrent derrière un muret ou un massif d'arbustes et goûtent une brève, une sauvage étreinte.

Les contraintes sécuritaires s'étant peu à peu desserrées, Alexandre parvient même, dans la nuit, à s'introduire dans l'un des deux services. Il emprunte les escaliers de secours, se hisse silencieusement au dernier étage. Là, quelques chambres inhabitées, meublées d'un lit froid, sans drap, sans housse. Il déjoue facilement les serrures, se dissimule et patiente quelques instants. C'est ici qu'il pénètre délicatement ou furieusement le corps de Pénélope ou celui de Justine ou celui de Clarisse ou celui de Léa, qu'il a prévenue de son passage lors du dîner collectif.

Toute l'animalité de ces existences ébréchées, torturées, brisées, trouve dans ce coït illicite, dans ce plaisir prohibé, l'occasion allègre d'exorciser le mal, une opportunité unique d'expulser, momentanément, le poison. Les jeunes filles s'étonnent : un corps d'homme à peine libéré de l'adolescence peut-il comprendre aussi justement et sensuellement le corps d'une femme, peut-il électriser le corps d'une femme d'un plaisir aussi généreux, abouti, s'il a *vraiment* abrité des démons assassins dans son enfance ?

Dans les salles de cours, que dispense un personnel enseignant volontaire, Alexandre intrigue. D'où vient cette connaissance si étendue et si plurielle?

Son père Jacques, employé de banque, sa mère Sandrine, modeste fonctionnaire à la mairie de Lorient, son frère aîné en apprentissage dans un atelier de chaudronnerie, sa jeune sœur à la peine en classe de troisième, dessinent un contexte familial peu cohérent avec une telle détermination de découvrir, d'apprendre.

Encore plus symptomatique, le stimulus éducationnel apparaît dissonant, presque incompatible.

La famille vit recroquevillée. En autarcie dans un pavillon impersonnel, en réclusion derrière les écrans de télévision et d'ordinateur auxquels chacun, isolément, se rive selon ses goûts. Elle vit dans l'atonie émotionnelle – sans guère de livres et de musique, sans guère de divertissements culturels ou d'escapades touristiques, sans guère de partage social et amical –, et entretient la restriction, quelquefois même la privation affective.

Jacques et Sandrine ont une cinquantaine d'années. Il est trapu, ses épaules sont courbées, son ventre bedonnant trahit un laisser-aller encore supportable. Son visage rond est ombré d'une barbe fournie, jaunie autour des lèvres par les volutes de fumée qui s'échappent des cigarettes consumées compulsivement, et qui masque les séquelles de son adolescence acnéique. Une paire de lunettes conventionnelles et usées filtre des yeux absents et farde un regard fuyant. Son front lisse transpire dès que l'effort sollicite ses muscles, sa lente diction fragmente des propos toujours retenus, contrôlés. Ce physique quelconque, cette allure ingrate, il les rehausse d'un soin remarqué pour le port de costumes, de cravates et de souliers de marque.

Sa taille haute et élancée, Alexandre en hérite sans doute de Sandrine.

Dans les couloirs de la mairie et même dans l'iris de l'édile, sa présence ne laisse pas indifférent. Chaque matin, ses collègues scrutent son arrivée, ses confrères espèrent que l'uniforme dévoilera quelques séduisants attributs, ses consœurs se préparent à l'admirer, à la jalouser ou à la satiriser. Sandrine n'est pourtant agitée d'aucune pensée courtisane ou adultérine, le désir d'attiser la convoitise de possibles rivales lui est étranger. Simplement, elle porte toujours d'élégants vêtements, tour à tour stricts ou sensuels, coquets ou désinvoltes, aux couleurs sombres ou flamboyantes, sous lesquels un corps aux formes gracieuses dissimule ses déceptions, son amertume, parfois son aigreur. « L'habit ne fait peut-être pas le moine, mais au moins il est ma revanche, il est même notre revanche », pense cette fille de l'abandon, cahotée d'un foyer à l'autre de la DDASS jusqu'à sa rencontre, alors qu'elle est encore mineure, avec Jacques, victime du même chavirage.

« Notre revanche » donc, signifiant qu'ils forment un couple mécaniquement soudé, machinalement insécable, un couple austère obsédé par la rectitude, un couple sans heurts qui n'aspire à s'égarer ni de son confort ni de sa banalité, un couple ossifié qui veille à ne rompre aucune habitude.

Jamais Jacques n'a frappé ses enfants, rarement Sandrine a manifesté un énervement, exprimé une remontrance ou proféré un hurlement. Moins par amour et par souhait d'éveiller leur progéniture à l'émancipation que par indifférence. Oui, bien moins. Les trois enfants traversent l'existence du couple en l'esquivant, ils sont spectateurs d'un foyer dans l'incapacité de composer une famille. Seul le drame dont Alexandre s'est rendu coupable a semblé lézarder l'insensibilité, le stoïcisme parentaux ; mais ce jaillissement n'a duré qu'un temps, celui que la stupeur réclame pour s'étioler puis s'éteindre.

L'innommable méfait de leur fils n'a pas provoqué d'autre réaction que celle de la consternation de l'instant, celle de l'ahurissement de l'inattendu, celle aussi de la honte sociale, elle n'a sécrété aucun ébranlement introspectif, aucune exploration originelle – par essence synonyme de *risque* pour un édifice familial méticuleusement maçonné.

« Inutile de chercher ailleurs d'où vient l'acte fou d'Alexandre, a fait savoir Pierre Servent-Trieber après qu'il eut étudié l'éducation d'Alexandre et examiné la personnalité de ses parents. La prédisposition à la psychopathie se convertit lorsqu'on a une carence d'attention, de confiance, d'amour. Une enfance heureuse, l'image de parents aimants, actifs socialement et culturellement, forment une protection quasi indestructible contre le passage à l'acte. Tout ce dont Alexandre a manqué. »

Le baccalauréat est, pour Alexandre, une formalité. Sa mention « très bien » couronnée des félicitations du jury lui ouvre les portes de prestigieux établissements de l'enseignement supérieur. Il les franchit par l'intermédiaire des écrans d'ordinateur, poursuivant l'apprentissage en ligne auquel il s'est aisément adapté depuis le début de sa claustration. Il enchaîne classe préparatoire puis entrée à l'École normale supérieure de la rue d'Ulm, qu'il parfait d'un double cursus à Sciences Po Paris et à HEC.

Sa rhétorique d'une scansion lumineuse aurait pu le destiner à la robe d'avocat, sa fascination philosophique et technique pour l'appariement du corps et de l'esprit l'aurait préparé à devenir un brillant médecin psychiatre, son interprétation des *Impromptus* de Schubert, des *Nocturnes* de Chopin ou des *Préludes* de Rachmaninov pourrait le porter au clavier de récitals professionnels.

Alexandre semble épanoui.

Il ne réclame que rarement et toujours avec bienséance d'être délivré de sa captivité. Depuis le début de son internement, voilà maintenant dix ans, aucune perspective n'a jamais été édictée. La précocité de son âge et l'irrationalité de son acte conclue par une expertise excluant sa « pleine responsabilité » lui ont épargné un procès. Charge alors à l'assemblée des médecins et des représentants de la justice d'évaluer la possibilité puis les conditions de sa libération.

L'heureuse sentence est prononcée un jour de printemps, quelques semaines avant l'achèvement de sa spectaculaire trajectoire étudiante.

Réunis au tribunal judiciaire de Vannes, procureur, juge d'instruction, psychiatres, infirmiers et directeur de l'hôpital statuent unanimement en faveur de son élargissement. Pierre Servent-Trieber acquiesce.

Sollicités au préalable, les musiciens du conservatoire de Nantes qui, chaque lundi, mercredi et samedi, se relayent pour lui enseigner le piano ont affirmé que son abnégation technique et sa sensibilité artistique n'étaient pas « compatibles » avec une quelconque forme de psychopathie.

Laudateurs, ceux de philosophie, de mécanique quantique, de politique arabe, de sociologie du travail ou de finance internationale confrontés à ses copies décrivent un profil « si exigeant avec lui-même, si coopératif avec ses camarades, si ouvert au monde et curieux des enjeux vivants de la planète » qu'envisager une récidive relèverait « d'une affabulation injuste, d'un acharnement insupportable ».

Les protocoles expérimentaux auxquels Alexandre a été soumis « sont plus qu'un succès : un triomphe », se félicite le corps médical et, bien sûr, s'enthousiasme, survolté, le directeur scientifique du laboratoire Vierser à l'origine de l'innovation.

Sa libération, Alexandre l'accueille avec mesure. La décade, il l'a traversée certes claustré, mais surtout dans un nid à l'abri des prédations, retranché des agresseurs. Toute cette attention *sur* et *pour* lui, cette attention à laquelle ses parents s'étaient soustraits dès sa naissance, cette attention ceinte des remparts de l'hôpital et de la justice qui l'ont protégé de l'incertitude et de l'angoisse, des mésaventures et des déconvenues : comment va-t-il désormais *vivre sans elle* ?

L'appréhension est aiguë, il la confie à ses geôliers, alors la réhabilitation se déploie par étapes.

Au début, Alexandre rentre le soir dans sa caserne, elle est le refuge dont il a besoin pour examiner ses premiers pas d'homme libre, ceux qui, pendant la journée, l'ont déplacé de l'antre familial à un magasin d'habillement, d'une errance au bord de l'océan aux rendez-vous au palais de justice, ceux qui le lendemain l'éveilleront à des *rencontres humaines* dans un café, dans une librairie, au conservatoire de Nantes.

Ce réapprentissage progressif de la liberté se clôt quelques semaines plus tard ; reçu par des professeurs des établissements qui l'ont brillamment diplômé, il prend alors pleinement conscience de ses facultés et prend soudainement confiance en elles.

Alexandre est prêt à être un homme libre. *Presque* libre, l'imposante prescription thérapeutique à laquelle il est contraint le menottant en permanence à sa folie tortionnaire puis à sa remarquable rédemption.

## On n'a pas perdu notre temps

Depuis combien de temps sommes-nous en sommeil ? Comme vous savez, cette notion du temps m'est inconnue, donc je ne peux pas répondre. En tout cas, nous ne *chômons* pas – cette locution m'a toujours amusé.

« Mon autre » et moi, d'abord. Nous avons produit 4 450 273 « nouveaux autres » qui, ajoutés aux 280 553 rescapés du déluge soudain de poison, portent mon armée à 4 730 826 fantassins. Pas mal. Le seuil des 5 000 000 puis celui des 7 000 000 de hussards seront bientôt atteints, de quoi déployer une légion d'une puissance de frappe inédite, près de dix fois supérieure à celle qui remporta la première bataille. « Toute forte croissance est synonyme de crise. Nous devrons anticiper et gérer très tôt ses manifestations », m'avait prévenu mon état-major dès les prémices de notre reconstruction.

Dans le monde extérieur, les exemples de ces *crises de croissance* délétères prolifèrent, et je n'ai qu'à étudier certaines d'entre elles pour apprendre à déjouer celle à laquelle je dois me préparer. Qu'elles soient individuelles – par exemple chez ce que les hommes dénomment un « sportif » – ou portent sur un collectif – notamment ce qu'ils désignent par « entreprise » –, ces spasmes parfois critiques partagent souvent une même origine : une *hubris* incontrôlée, exaltée par un succès inattendu et abrupt.

Dans cette *hubris du chef* ensemencent des désirs irrationnels, des délires vertigineux. Ces divagations prospèrent dans la désorganisation, et surtout, ai-je remarqué, grâce à la cécité et au silence d'entourages inféodés. Cette aliénation a plusieurs sources : la lâcheté, la cupidité, la servilité. Mais aussi le cynisme : je vois des collaborateurs favoriser cette griserie démente afin de précipiter la chute puis la disgrâce du chef et de récupérer le « fruit une fois pourri » – là aussi, quelle drôle d'expression. Les hommes appellent cela « l'exercice du pouvoir ».

Fort de ces enseignements, j'ai donc veillé à répartir avec doigté le pouvoir au sein de ma hiérarchie. Avec doigté, c'est-à-dire en sanctuarisant un espace – certes exigu et extrêmement contrôlé – de liberté pour qu'ils m'expriment leurs observations et leurs recommandations sans craindre d'être punis, et pour qu'ils éprouvent la sensation d'être considérés et utiles. Sensation bien sûr artificielle, captieuse et, je l'avoue sans honte ni fatuité, que je manipule avec *maestria*.

Tout ce temps que je ne sais pas évaluer, nous l'avons consacré aussi à faire *barrage* et *riposte* à cette matière qui avait déferlé et décimé plus de la moitié de mes garnisons.

Barrage : dans chaque boyau constitutif du dédale cyclopéen qui nous sert de champ de bataille, nous avons creusé une multitude de cachettes, de formes et de tailles différentes. Infimes alvéoles ou vastes terriers, discrètes nervures ou amples cavernes, elles forment un complexe où nous nous abritons lorsque l'adversaire se déploie et d'où nous pouvons reconstituer nos forces et pourrons fomenter nos contre-attaques et progresser dans notre reconquête – c'est pour bientôt. La variété des calibres assure à toutes les tailles de régiment de s'y replier, et l'ennemi ne peut pas y accéder.

Riposte : depuis sa charge initiale, ce dernier n'a jamais interrompu sa stratégie démoniaque. De manière régulière, nous subissons l'envahissement d'une substance uniforme, mais composée de plusieurs ingrédients. Pour établir une parade, se cacher ne suffit pas : il faut aussi décortiquer la nature des armes rivales. Une partie de mes troupes s'est alors sacrifiée – dans le monde des humains, on aurait multiplié les hommages hypocrites et érigé des monuments à leur mémoire – : des soldats martyrs se sont laissé dévorer par ces substances, leurs équipiers les ont hissés dans le repaire de nos scientifiques, et les travaux de dissection ont fait leur œuvre. La recherche d'antidotes a été laborieuse, combien de fois ai-je perdu patience (« et mes nerfs ! » diraient les hommes) et exécuté quelques « autres » inutiles, égarés dans leur diagnostic et leurs investigations. Mais bon, maintenant je vois le *bout du tunnel* (que j'aime rire de mes bons mots !).

D'abord, mes sbires me l'affirment : « Nous sommes près du but. » Ensuite, nous avons constaté que l'ennemi commence de ralentir peu à peu le rythme et la quantité d'arsenic dont il inonde les conduits de notre galerie – vous l'avez remarqué, pour qualifier ce poison sans nom, j'emploie des termes « humains » : arsenic, curare, ciguë… Sans doute pense-t-il nous avoir éradiqués. Je ne sais pas. Mes généraux sont prudents, et donc muets. Peu importe, après tout, sa motivation : l'essentiel est que ces répits complètent et fortifient notre double stratégie de *barrage* et de *riposte* que mon état-major promet d'être « bientôt pleinement opérationnelle ».

Alexandre a trente-deux ans.

Voilà une décennie qu'il a abandonné le cachot, voilà deux décades qu'il a perpétré sa tentative – finalement réussie – de meurtre. Excepté sa famille, quelques rares internés de l'établissement psychiatrique, l'équipe soignante (soumise au secret médical) qui l'a escorté, une poignée de dirigeants du laboratoire Vierser, la cellule d'enquêteurs et de magistrats, les spectateurs du drame, personne ne peut assimiler Alexandre à l'auteur de l'innommable méfait – mineur au moment de l'homicide, son identité n'a pas été révélée.

Les parents du jeune garçon avaient fait face avec peine mais dignité à la déflagration émotionnelle qu'avaient provoqué le crime puis la décrépitude physique et morale de leur enfant, ils ne purent pas résister à l'inconsolation dans laquelle sa disparition les emporta.

Avec Laëtitia, Alexandre forme un couple heureux.

Il l'a rencontrée cinq ans plus tôt, à Paris, dans un café animé près du Panthéon. Il était seul, elle était attablée un peu à l'écart, avec quelques amis. Il buvait une eau gazeuse, elle alignait les coupes de champagne. Il reflétait un regard tendu, concentré, peut-être préoccupé, elle attirait par son rire, sa jovialité, ses expressions crues toute l'attention alentour. Mais la beauté d'Alexandre perturbait l'allégresse, l'insouciance de Laëtitia. Légèrement éméchée, son ivresse contenue exhalant les joyeuses propriétés de la désinhibition, elle attendit le départ de ses amis et s'approcha de lui. Elle s'empara de la chaise vide qui lui faisait face, s'assit sans vergogne, et fixa de ses yeux noirs ceux, d'un bleu marin, d'Alexandre. Interloqué, il ne put éviter un brusque geste de surprise, mais devant l'éclat de rire de Laëtitia, exhiba un large sourire.

La conversation fut brève, lui étant convié chez l'un de ses collègues de travail. Brève, mais suffisante pour qu'une connexion électrique s'établisse instantanément entre leurs corps et leurs esprits. Ils échangèrent leurs numéros de téléphone portable et convinrent de se revoir quelques jours plus tard. Ni l'un ni l'autre ne purent patienter davantage.

Dès le lendemain, Laëtitia prétexta un rendez-vous professionnel dans le quartier en fin de journée pour solliciter un dîner, Alexandre annula aussitôt celui qu'il avait programmé avec sa sœur Coralie, exilée depuis trois ans dans la capitale pour exercer son métier de créatrice de bijoux.

Le restaurant aveyronnais où ils se retrouvèrent ne semblait guère approprié à l'ascèse que leurs silhouettes auguraient. Ils partagèrent en entrée une assiette de charcuterie qu'ils rendirent presque intacte, puis commandèrent une viande d'Aubrac qu'ils avalèrent avec peine.

Dans un silence entrecoupé de brusques saccades verbales, Alexandre contemplait dans ses détails ce visage long et gracieux, sobrement maquillé sur les paupières, sur les pommettes et sur des lèvres qui dessinaient un sourire hypnotique. Les yeux se plissaient, l'exultation à peine intériorisée les dessillait en écho d'une bouche qui riait avec spontanéité. D'infimes rides parcheminaient élégamment une peau cuivrée, inégalement sombre. De ce regard s'échappait un désir si puissant qu'aucune volonté, aucune arme ne pouvait le dissimuler. Sous sa courte robe aux motifs fleuris et d'un tissu léger, il pouvait pressentir des cuisses, un ventre, des seins, un sexe qui attendaient, fébrilement et impatiemment, sa venue.

Laëtitia éclusa quelques verres de mâcon blanc, Alexandre demeurait sobre. Peu importe, la rencontre fut, pour chacun, une réjouissance, qu'ils prolongèrent dans l'appartement d'Alexandre.

Au matin, cette réjouissance s'était muée en évidence, la nuit d'étreintes l'avait transformée en un ciment dans lequel l'un et l'autre s'étaient fondus. L'épuisement les engloutit jusqu'au mitan de la journée, ils se réveillèrent alors et rirent d'avoir oublié de concert leurs engagements professionnels. Ils restèrent dans le lit, parlèrent peu, ils s'empoignèrent corps à corps sans appréhension, dans la confiance et la hardiesse qu'autorise habituellement une patiente et progressive perception des intimités – la sienne, celle de l'autre. Leurs téléphones sonnaient, ils s'amusaient à deviner les auteurs des appels, sans doute un supérieur inquiet de l'absence, un confrère irrité de relancer, un client agacé d'attendre. Absolument tout leur semblait futile au regard du moment capital qu'ils se savaient en train de traverser.

Peu dans leur relation était rationnel, et cette singularité, ils comptaient bien la cultiver sans guère de limites.

Une semaine plus tard, Laëtitia rompait le bail de son studio, quittait le quartier des Batignolles, franchissait la Seine et s'installait dans le vaste trois pièces que son nouveau compagnon avait acquis rue des Carmes. Alexandre n'avait pas choisi ce secteur au hasard : il voisinait avec la rue d'Ulm qu'il avait fréquentée virtuellement pendant ses années d'études à Normale Sup dispensées à distance depuis l'enceinte carcérale de Lorient. Ainsi il avait le sentiment de « boucler » le brillant cursus qui l'avait propulsé très jeune à de hautes (et lucratives) fonctions dans la finance.

Laëtitia, de son côté, avait étudié le droit puis s'était orientée avec passion vers le métier de libraire, qu'elle exerçait dans un établissement du 7e arrondissement réputé pour l'enthousiasme de ses conseillers-vendeurs et pour sa proximité affective avec quelques auteurs de renom.

Cinq ans plus tard, l'irrationalité de leur couple n'a pas faibli.

Dès leur premier dîner, Laëtitia avait saisi, dans les silences d'Alexandre, qu'il serait difficile de connaître son histoire familiale, de retracer l'itinéraire de ses vingt-sept premières années. Avec le temps, elle a bien esquissé quelques tentatives ; mais devant le mutisme qu'il justifie par le désir de ne pas polluer leur avenir d'un héritage intime « chaotique », elle euphémise, elle s'est résolue à ne rien apprendre.

Cette résignation est un peu amère, certes, mais elle est tempérée par l'équité qu'il observe de son côté : il ne pose aucune question à Laëtitia sur ses origines – elle n'en est pas affectée, car son passé, qu'elle a parcouru sans frère, ni sœur, ni altérité dans un banal foyer berrichon, a peu d'intérêt à ses yeux. Elle s'accommode de ses ellipses, de ses esquives qui ménagent un mystère somme toute excitant. Et puis, qu'une intelligence aussi séduisante l'entraîne dans un *demain sans hier* n'est pas sans la fasciner. « Après tout, pourquoi pas ? » se rassure-t-elle chaque fois que cette coquetterie d'Alexandre la perturbe.

Deux enfants sont nés, Clothilde et Abraham. Ce dernier, « Quel prénom bizarre », n'ont pas manqué de glousser ou même de s'esclaffer leurs amis. « C'est vrai, répliquent en chœur les parents, amusés. Une référence juive et musulmane, quoi de plus drôle dans un pays dévoré par son catholicisme ! »

Ces amis, parlons-en, justement. Ils sont nombreux, pour la plupart issus de leurs cercles professionnels. Leurs préférences affectives se portent équitablement sur l'un ou sur l'autre, ils forment une communauté solidaire, soudée dans le plaisir ardent de rire, de boire, de danser, comme si rire, boire, danser était la démonstration qu'ils étaient en vie. Ils exercent des métiers ou occupent des postes plutôt en vue, ils sont professeurs d'université, chefs d'entreprise, cadres dirigeants, juristes, designers, ils travaillent dans l'informatique, l'armement, la finance, le numérique, l'événementiel, mais quelques-uns aussi dans les secteurs associatif et social.

Seule la cartographie de leurs opinions politiques semble les distinguer et ébrécher l'apparente uniformité du groupe – « un confortable entre-soi », aime préciser, sans sarcasme, Laëtitia. Les dîners enfiévrés par l'alcool libèrent les pulsions, Laëtitia et Alexandre comptent les points entre pasteurs de la social-démocratie et nostalgiques de la droite républicaine, entre défenseurs des laissés-pour-compte et gardiens du mérite individuel, entre résignés et éreinteurs de l'impôt, entre avocats et contempteurs du collectif et du bien commun, entre sentinelles et vitupérateurs de la cause écologique, entre promoteurs et ennemis de l'identité nationale, entre combattants hésitants, discrets complices et outranciers fanatiques des doctrines xénophobes.

Alexandre en est certain, et Laëtitia s'en lasse : la liste des luttes intellectuelles s'étire sans cesse un peu plus au fur et à mesure que la société se déchiquette, que la communauté des hommes s'antagonise, que le contexte communicationnel s'hystérise. Ce que le récent triomphe du candidat national-populiste Kevin Darbelat, locataire de l'Élysée, devrait, c'est une évidence, exacerber. Alors, ces nuits de cris et d'hostilité qui minent leur cercle d'amis, mais qui maintiennent en vie une liberté de débattre menacée par le nouveau pouvoir, ils les entrecoupent désormais de rencontres à quatre ou à six, utiles pour se confronter dans l'apaisement, pour respirer dans un climat promis à devenir insoutenable.

Depuis quelque temps, Laëtitia constate que *quelque chose cloche* dans la tête d'Alexandre. Ce n'est pas passager, s'inquiète-t-elle. Pour preuve, lui qui se disait depuis toujours réfractaire à l'alcool s'est mis à boire, d'abord du vin puis des breuvages plus rudes, d'abord lors de moments festifs, puis seul, chaque jour.

Et voilà maintenant qu'il fume, en cachette. Il s'était libéré de l'addiction après son baccalauréat, mais Laëtitia a trouvé des paquets de cigarettes dans les poches de ses vestes, et son haleine exhale parfois le tabac froid.

Quant à la prescription médicamenteuse, il l'ingurgitait, en cachette de sa femme, avec une régularité métronomique depuis sa libération de l'internement ; peu à peu, les prises sont devenues erratiques.

## Kevin, gloire à toi !

Je le sens : le fruit mûrit bien. Mais pas assez vite. J'espérais porter ma milice à 7 000 000 de grognards. C'est le minimum pour lancer l'offensive ultime. Mais « mon autre » a brutalement cessé de produire des « autres ». Il n'en connaît pas la raison, moi non plus. Je vais le livrer au petit groupe de séditieux qui a tenté de me destituer. C'est amusant, d'ailleurs. Je ne vous ai pas raconté ?

Il y a quelque temps, un salmigondis de sous-fifres et d'officiers a forcé le barrage de ma tanière et cherché à m'éliminer pour prendre le pouvoir. Mais je ne suis pas fou ! Depuis le début de mon aventure, je sais que l'ennemi rôde près de moi, il ourdit en secret, à l'affût. L'entrée était minée, la plupart se sont volatilisés comme un feu d'artifice. Les plus hauts gradés, qui connaissaient mes plans de défense, étaient planqués à l'arrière, prêts à foncer sur moi une fois les charges explosées et les sacrifiés évaporés. Mais ces traîtres ignoraient qu'un autre piège les attendait. Une partie de ma garde prétorienne, ces sectateurs oblatifs, ces héros intrépides et dévoués, est en permanence dissimulée à l'intérieur des parois de mon sanctuaire, sur le qui-vive. Quelle n'a pas été la surprise des félons de se retrouver cernés ! Nous les avons arrêtés, ils sont enfermés dans un abri sûr. Juste avant cela, je les ai fait parader en procession et proclamer leur autocritique publique. Cette dégradante repentance, cette négation d'eux-mêmes, qu'elle était drôle ! Nous avons bien ri. « Mon autre » va les rejoindre : ils vont bien s'occuper de lui, lui qui les humiliait lorsque je passais les troupes en revue ou les convoquais pour des réunions de travail. Je verrai plus tard quel sort leur réserver.

Bon, je dois me faire une raison : mon armée n'atteindra jamais l'envergure espérée. Il faut réviser le plan de bataille, élaborer des stratégies alternatives.

La conjoncture est plutôt favorable. L'adversaire a ralenti le rythme des salves. Les expérimentations pratiquées par mes chercheurs sur les déserteurs – j'ai oublié de vous dire : au début, pas un seul « autre » ne manquait à son devoir ; ensuite, quelques-uns ont commencé de s'y soustraire et de se cacher au moment d'affronter l'ennemi – se sont révélées fructueuses : nous n'avons pas d'antidote, mais nous savons où le trouver et comment l'intégrer à notre arsenal. Si nous réussissons, la victoire est assurée. Elle sera totale. Définitive.

À moi le graal !

Et puis il faut compter sur une complicité aussi fortuite que miraculeuse : l'avènement de Kevin Darbelat. Je vous la raconte. Ou plutôt je vous rapporte la lettre qu'un écrivain assez connu est parvenu à publier dans un obscur opuscule clandestin. Juste avant de se suicider, soi-disant parce que ses « raisons d'espérer » avaient tari, que « sa volonté d'être heureux » avait congelé, ou encore que « le soleil n'était plus qu'éclipse ». Foutaises ! En plus, mourir de la sorte, quel lâche.

[…] Kevin Darbelat est arrivé au pouvoir sans coup d'État, un jour de printemps. La démocratie, le peuple, l'ont désigné. Sans révolution, donc, mais aussi sans surprise. Dans les années qui précédaient le scrutin, la population dans sa majorité riait d'une telle hypothèse. « C'est impossible, voyons ! » Les mois s'étaient ensuite écoulés, rapprochant les citoyens de l'échéance électorale. Moqueries et diatribes s'étaient peu à peu dissipées, un grand voile avait drapé les consciences. Au gré des situations, ce voile était de certitude, de neutralité, de couardise, et de sympathie de moins en moins dissimulée pour le candidat. Darbelat est parvenu au pouvoir suprême à la faveur d'un travail de sape presque invisible, dilué dans le bruit du quotidien, qu'il a accompli grâce à une conjonction de circonstances qui ne doit rien au hasard.
Des médias – en premier lieu ceux du machiavélien Visant Coupola – ont dédiabolisé puis institutionnalisé sa doctrine. Leur œuvre a bénéficié des activités d'une petite armée de génies informaticiens aux commandes de l'intelligence artificielle et des nouvelles technologies, profitant de l'absence de régulation pour répandre *fake news* et *deepfakes*, pour développer des algorithmes aliénateurs. Cette collusion fanatique a inséminé dans les consciences les « bons » arguments, réels ou fantasmés, du venin réactionnaire, ultraconservateur, raciste. Avec talent. Et sans grande difficulté : il est plus facile d'exciter, de radicaliser les esprits

que de les apaiser ou les réconcilier. Ainsi normalisée, l'idéologie de Darbelat est passée d'inacceptable à audible puis à respectable, elle a sournoisement colonisé les consciences ; même les plus critiques, les plus éclairées d'entre elles, celles qui se croyaient immunisées contre ce qu'elles qualifiaient de vermine, se sont laissé chloroformer.

Dans le même temps, ses opposants politiques ont commencé de moins en moins… s'opposer. Par paresse ou pleutrerie, par suffisance ou calcul électoraliste – peu importe l'explication. Ils ont baissé la garde puis – bien qu'ils s'en défendent aujourd'hui – ont déposé les armes. Naguère, ils vociféraient sans relâche ; ensuite, au fur et à mesure que les relais médiatiques et technologiques ont fondu dans la doxa extrémiste et ont fait tituber les convictions originelles d'un nombre d'électeurs chaque jour plus élevé, ils ont crié moins fort, moins longtemps, moins convaincus. Leur duplicité a entaillé puis a éventré la muraille qu'on pensait infranchissable, cette muraille qu'ils avaient érigée depuis des décennies au nom d'une « solidarité humaniste » grandiloquente mais efficace. L'insidieuse abdication s'est insinuée dans toutes les strates de la société : les oppositions syndicales, l'intégrité des organismes indépendants se sont, elles aussi, délayées.
La force d'un groupe est de ramifier en profondeur et d'entraîner, par cercles concentriques, son environnement vers le bien ou vers le mal. Tout individu sait lutter contre une théorie marginale ; mais lorsque la minorité s'étend, lorsqu'elle s'enracine selon un processus de banalisation aussi performant, la théorie

la plus nauséabonde devient tolérable puis majoritaire.
L'exercice du pouvoir politique est ultra-verticalisé et celui des citoyens est – croient-ils – ultrahorizontalisé; cette asymétrie déjoue la volonté de s'unir et toute contestation collective. La société est morcelée en petits groupes sociaux endogames, étanches les uns aux autres, et dans lesquels l'expression extrême de l'individualisme s'imbrique à une soumission extrême aux propriétés du groupe.

L'araignée a tissé sa toile avec patience, avec méthode, elle a jonglé avec les lâchetés, les aveuglements, les rivalités. La résignation a suppléé la protestation, le son du silence a muselé celui de la colère. Les esprits émancipés ont fondu dans la domestication. Les oppositions se sont enkystées et se sont tournées vers l'adaptation. L'œuvre maléfique de Darbelat a encagé les consciences.
Aucun obstacle ne résiste à cette contagion. L'endoctrinement n'a épargné personne. Pas même mon entourage. Dans mon cercle d'amis, je me suis retrouvé isolé. Chez mon éditeur, je suis désormais un pestiféré. Ma femme ne me comprend pas, mes parents m'ont banni, mes enfants ont honte de moi. Pire: leur motivation n'est pas un intérêt opportuniste ou la peur de représailles; ils m'excommunient par conviction. Plus aucun débat n'est possible, aucune conversation n'échappe à l'incendie. Tout est inflammable, tout devient irrespirable. Tout semble se faire de soi-même, selon un processus naturel et irrésistible. Je suffoque.

Pauvre type. Tu « suffoques » ? Tu as bien fait de te pendre. Sauf que tu ne verras pas le meilleur. Tant pis pour toi.

Mais tu as vu juste ! Kevin est en train de semer une formidable pagaille. Au début, la société qu'il gouverne s'est déchirée jusqu'au sein des familles, la haine a scarifié les échanges humains jusque sur les lieux de travail, des territoires se sont embrasés jusque dans les communes rurales. L'incendie s'est propagé dans toutes les communautés : écoles, associations, entreprises, clubs sportifs. Même le monde artistique, ces médiocres « cultureux » assistés et subversifs, a découvert que la noble pensée de Kevin y était féconde.

Puis les libertés – enfin ! il était temps – se sont contractées. D'abord subtilement, afin de désamorcer toute résistance. Ça a fonctionné ; à part quelques éruptions vite endiguées, aucune contre-offensive ne s'est formée. La plupart de ce que les hommes appellent des « journalistes », terrorisés, se sont bâillonnés eux-mêmes ou ont déguerpi. Les collectifs de revendication se sont dissous d'eux-mêmes. L'interdiction de manifester, au nom de l'état d'urgence, n'a presque pas heurté la population. Les soulèvements se sont raréfiés. Les clameurs se sont éteintes d'elles-mêmes.

Oui, l'écrivain dépressif a bien raison : presque tout s'est *fait de soi-même*, c'est fascinant.

La faculté des hommes de renoncer au moindre obstacle, de se terrer dans leur couardise, m'a toujours médusé. Mais là, c'est le « pompon » – expression curieuse et drôle ! Comme le cénacle des entrepreneurs s'est retrouvé bien plus envoûté par les généreuses mesures fiscales et libérales qu'ébranlé par la déflagration du reste, l'économie a continué de prospérer. Alors, Kevin a profité de la bienveillante – ou plutôt complice – *neutralité* de l'armée et de la police pour écraser les dernières libertés. Ça n'a pas été compliqué. Il a pu compter, en outre, sur deux alliés décisifs : l'intelligence artificielle et le métavers. La première pour discipliner le troupeau et le diriger vers l'enclos, le second pour rendre la clôture invisible, tel un illusionniste.

Je détaille. Ça vaut la peine. Je vous jure, c'est croustillant.

Les hommes ont créé une intelligence complémentaire de la leur, qu'ils ont baptisée *artificielle*. Pour quelles raisons ? Personne ne sait vraiment. Mais j'ai mon idée : poussés par leur fascination pour l'innovation, leur croyance inoxydable en la science, leur insatisfaction permanente, leur goût immodéré de défier l'impossible, d'étirer leur pouvoir, de s'enrichir, l'ensorcellement que le progrès exerce sur eux. Cette intelligence technologique est censée perfectionner l'intelligence des hommes ; or il faut être sot pour ne pas constater qu'elle a commencé de la dépasser et de la dompter. L'éthique étant source d'entraves – elle ralentit, elle limite –, dès le début ils l'ont garrottée. Maintenant qu'ils sont disqualifiés par leur monstre et que le monstre est sous le contrôle d'un petit groupe d'industriels et de quelques États, il est trop tard.

*Monstre* ? *Trop tard* ? Mais non, je plaisante ! Je pense l'inverse, évidemment.

Je me suis fait expliquer par l'un de mes conseillers les vertus de l'intelligence artificielle. C'est orgastique.

Au départ, il y a une sorte d'immense « machine » – on l'appellera ainsi – qui détermine les images, les sons, les informations, les communications, les fictions, les travaux, les loisirs, les consommations que les hommes reçoivent, émettent ou produisent depuis leur téléphone, leur ordinateur, leur télévision. Bon, tout ça est très compliqué, je ne m'attarde pas. Dans le fonctionnement de cette machine, on introduit une multitude d'inventions techniques – notamment des algorithmes et des logiciels, mais aussi la physique quantique ou la collecte des datas – et un *biais idéologique*. En l'occurrence : ultrasécuritarisme, hyperautoritarisme, rejet des minorités, protectionnisme, négation des théories contestataires, etc. C'est là que la machine devient intelligence artificielle, et que le feu… d'artifice débute.

Dans ce biais, la machine modélise une vision homogène du monde, elle ordonne les attributs, binaires, du bien et du mal. Elle standardise les informations et les connaissances, elle favorise l'uniformisation des pensées. Son pouvoir de séduction et d'hypnotisation abêtit les enfants et les adolescents prostrés sur leurs écrans ; il abrutit également les adultes, sclérosés dans leur confort, qui communiquent et travaillent sans limites par son intermédiaire. La confiance de chacun envers chaque autre et chaque institution s'étiole, le vœu de bâtir un projet collectif, un destin partagé, une communauté s'effondre : le régime politique devient l'unique recours.

Les possibilités de débattre s'épuisent, le débat public ou politique s'est décomposé. L'« écrivain dépressif » avait publié un autre texte, plutôt drôle, sur ce sujet. Je l'ai déterré des archives. Le voici.

« Débattre » signifie « ne pas se battre », a rappelé un éminent philosophe des sciences. En d'autres termes : s'écarter du chemin auquel le confort et l'hyperindividualisme nous rivent ; transgresser une croyance figée dans notre éducation, notre culture, notre groupe social ; courir le risque de récuser ce que l'on pensait irréfutablement juste. Débattre, c'est soutenir que le dialogue entre les savoirs, la rencontre entre les différences, la confrontation au dissensus fécondent le possible. Tendre la main à l'opinion distincte, ce n'est pas renier ou affadir sa conviction, c'est la mettre à l'épreuve pour qu'elle progresse. Débattre, c'est donc accepter en premier lieu d'entrer en questionnement et même en conflit avec soi. Alors, on accueille l'opinion divergente non comme une hostilité, mais comme la liberté de penser différemment et, parfois, comme l'opportunité de faire grandir sa propre conscience, de convoiter l'excellence éthique.

Débattre somme de considérer la raison et le fait non comme des ennemis, mais comme le curseur des émotions et le geôlier des pulsions. L'opinion est distincte du savoir, l'interprétation n'est pas la science. Raison, émotion et morale ne font pas bon ménage. Aucun sujet ou presque ne se prête au manichéisme. L'anecdote ne peut pas devenir événement, on ne peut pas la laisser dévoyer, détourner ou frelater l'essentiel. Militer n'est pas synonyme d'excommunier, déconstruire ne signifie pas détruire. Peu de causes justifient l'opprobre et l'ostracisme. S'opposer à une théorie n'autorise qu'en de rares cas à vilipender son auteur.

> Débattre, c'est adopter une architecture cognitive et relationnelle qui a pour clé de voûte le respect, la nuance, le droit au doute, le compromis, la pédagogie. Et la faculté de se placer soi-même en situation inconfortable et inhabituelle, de recomposer sa propre conviction à l'écoute ou à la lecture de celle, de celui qui vient la « bousculer ».
> Débattre, c'est penser contre soi.

Débattre signifierait donc « ne pas se battre » ? La machine aux ordres de Kevin fait mieux que l'inverse – encourager à « se battre » – : elle a *tué dans l'œuf* – l'expression tombe à pic – chez chaque individu la disposition à se mettre en débat *avec lui-même* ; alors, débattre de manière sereine et constructive *avec l'autre* n'est plus que souvenir et cendres.

La déshumanisation des relations humaines s'accélère, le froid de la technologie l'emporte sur le chaud des rapports sociaux – il est tellement plus aisé de contrôler la « mécanique » que l'« émotion ».

S'égarer des sentiers, strictement balisés, n'est plus possible. Non qu'on l'interdise ; simplement, sans que les hommes en soient conscients, l'opportunité est effacée par le tentacule technologique. L'aléa, la surprise, l'erreur sont chassés puisqu'ils instillent le doute, l'incontrôlé, ce qui peut nuire à la performance. Simplifier, cornaquer, faciliter toujours plus, enterrer le mystère de l'insaisissable, la magie de l'imprévu et les trésors de la complexité : voilà le mantra.

La créativité est, elle aussi, normée, l'onirisme est bordé, et les cerveaux s'adaptent en s'inféodant au pouvoir de la machine ; il n'est plus vraiment concevable de vagabonder, de se perdre dans les territoires inconnus, là où justement germent le possible de la création libre, l'étendue infinie de l'imaginaire.

Les aspirations spirituelles ne sont pas négligées. Dans une langue humaine très ancienne, paraît-il – je crois qu'elle se nomme « latin » –, innover signifie « (se) renouveler dans un mouvement de l'intérieur ». La machine doit donc réguler les vocations transcendantes pour que cette métamorphose intérieure s'inscrive soit dans la religion d'État, soit dans la seule religion tolérée par l'État : le catholicisme nationaliste et traditionaliste. Hors de question qu'un abri spirituel serve de terreau politique à une quelconque prise de conscience rétive à l'autorité de Kevin. Toutes les autres velléités sont réprimées, mais il faut reconnaître qu'elles sont rares ; la performance technologique a asséché la curiosité buissonnière. Et elle neutralise plutôt efficacement les *désirs de sens* du peuple – le sens que les humains attellent à ce qu'ils font *de la vie* et *dans leur vie*.

Ses développeurs avaient assuré que l'intelligence artificielle serait au service de l'intelligence humaine, qu'elle rendrait celle-ci plus puissante et plus libre : heureusement, il n'en est rien. Avant elle, les hommes étaient en compétition entre eux ; dorénavant, ils ont pour adversaire supplémentaire la machine. Or son efficacité est inatteignable, incomparable, qui ridiculise leur intelligence ; alors, *naturellement,* ils mettent en doute leur utilité, *naturellement* l'estime d'eux-mêmes se liquéfie, *naturellement* leur dignité est broyée.

D'habiles procédés rhétoriques martelés dès la petite enfance inoculent la confusion des intelligences, conditionnant à l'extension de la première l'épanouissement de la seconde. En réalité, la paresse s'infiltre dans les consciences au fur et à mesure que les propriétés de cette intelligence artificielle se substituent à l'effort de penser, de chercher, et d'agir par soi-même. L'intelligence analytique, émotionnelle, créative des hommes s'écaille au fur et à mesure que l'intelligence artificielle modifie les usages du cerveau et appauvrit les esprits.

Oui, au fur et à mesure qu'elle se développe, que son empire dégrade et enserre sa proie, la machine devient souveraine.

L'altérité est niée, elle fait place à la chosification des consciences, à la réification des âmes.

L'intelligence artificielle délivre son travail de manière presque instantanée, elle donne l'illusion de gagner du temps – l'obsession des hommes, car *gagner du temps* signifie *libérer du temps* pour *accroître la profitabilité du temps* –; dans les faits, elle démolit le temps de penser par soi, de cultiver un recul critique, de se ressourcer, elle évide le discernement. Les règles du temps court, de l'utilité, de l'efficacité ont éliminé toute autre façon de concevoir l'existence. Tout désormais est synthèse, pour *aller encore plus vite*: synthèse des rapports, synthèse des réunions, synthèse des livres…, selon des angles qui, là encore, sont déterminés en amont et ne permettent plus de penser et de créer par soi-même.

À l'origine, ce « big bang » promettait de réduire les inégalités entre les humains. Heureusement, l'inverse s'est produit. Les femmes sont un peu plus marginalisées, car les emplois qu'elles occupent majoritairement sont les premiers détruits; les individus les plus vulnérables sont définitivement déclassés puisque la maîtrise technologique leur échappe et est harponnée par ceux qui déjà caracolaient en tête de la hiérarchie sociale. La collecte puis l'analyse des données les plus intimes conduisent au repérage des talents, potentiels ou avérés, dès la petite enfance et tout au long de la vie. Au travail, elles facilitent l'interchangeabilité des « profils » et renforcent le processus de leur désaffiliation, de leur désincarnation – sinon, comment espérer les soumettre ? Et ainsi les improductifs, les inutiles sont disqualifiés – enfin, il était temps. Des castes se constituent, les plus indésirables d'entre elles sont tellement dépréciées que l'indignation et la contestation s'y sont éteintes. Ouf. Bon débarras !

Une instance supérieure de régulation s'est formée. Elle administre la destination des algorithmes, elle les actionne en faveur de l'hystérie ou du calme, de l'antagonisation ou de l'unité, au gré des intérêts politiques de Kevin, elle assure qu'ils escortent les consciences civiques et consuméristes vers des corridors. Avec la reconnaissance faciale et le recensement des données personnelles, rien n'est plus simple. Comme il est devenu impossible de distinguer images réelles et fabriquées, l'instance est habilitée à définir ce qui est acceptable et inacceptable. Elle peut même contester la *vérité d'un fait* s'il attente aux « normes morales établies dans l'intérêt supérieur de la Nation ». Elle s'emploie à subordonner la communauté des hommes aux ambitions de l'oligarchie que composent Kevin et ses amis entrepreneurs – « possédés » par la performance –: pour Kevin, celle de son pouvoir politique ; chez ses complices, celle de leur pouvoir économique.

La dépendance à la machine accélère le contrôle que ses propriétaires exercent sur leurs utilisateurs. L'intelligence artificielle et ses multiples supports sont l'arme rêvée d'une dictature déployée avec l'assentiment de la population, elle-même fascinée par ce qu'elle baptise *progrès*. Elle n'est plus libre et croit pourtant accéder à une nouvelle liberté. L'innovation est jugée émancipatrice alors qu'elle est asservissement. C'est merveilleusement diabolique.

Oui, c'est génial !

Quant au métavers, il est un univers virtuel dans lequel chacun s'immerge pour fuir le monde réel, pour se dérober à ses responsabilités, pour s'abriter des persécutions et des angoisses, pour consommer, communiquer, étudier, travailler, se déplacer, voyager, s'amuser hors de toute agression ou de toute peur. La désinhibition est totale, on brave même les interdits. Les hommes peuvent baiser en transgressant les injonctions morales auxquelles ils se soumettent dans la réalité, ils peuvent déverser leur fiel, et torturer sans redouter la justice. La belle vie, quoi ! Quel défouloir ! Et quels gains !

Dans le pays de Kevin et chez ses voisins, tout désormais est privé. Si j'ai bien compris, ça veut dire que tout s'achète et tout se vend, et qu'il n'existe pas de bien commun. Et ça, le métavers en tire de sacrés profits ! Je suis impressionné.

Autre intérêt : de mes observations des despotes, j'ai appris que dépecer, cloisonner est essentiel pour vulnérabiliser et désolidariser l'adversaire. Quand on fragmente, on désunit, le bloc se disperse en un archipel anarchique. Après la victoire de Kevin, la population s'est ruée sur ces casques de réalité virtuelle ou augmentée grâce auxquels elle se mue en avatar ou en hologramme et compose un refuge heureux, un quotidien sublimé, un exil fantasmé. La prouesse technologique est telle que les utilisateurs perçoivent odeurs et impressions physiques.

Le métavers façonne des îlots humains. Dans une même famille, chaque membre s'évade *du monde*, et vit dans *un monde* qu'il sculpte à son goût. Parfois, mère, père, frères, sœurs ne dialoguent même plus. Les objecteurs du régime de Kevin s'enfouissent dans cet isolement. Et tout cela corseté par un contrôle souple, subtilement dosé ; c'est parfait pour diffuser l'illusion de liberté, c'est essentiel pour désamorcer la colère et pour que la résistance s'asphyxie d'elle-même.

Quel prodigieux levier illibéral ! Vive l'échappatoire artificielle !

Le métavers encellule les esprits dans un espace où les frontières distinguant le réel de l'irréel s'effacent, où tout devient poreux et confus : le vrai et le faux, le fait et l'interprétation, le concret et la divagation. Le prédateur et la proie. Le réel n'est plus seulement réel, il tutoie l'hallucination, le mirage, le songe, il est à la merci des mécanismes d'instrumentalisation des consciences, ceux qui modélisent fictivement le désir, le plaisir, ceux qui docilisent les émotions.

La récréation est autant jubilatoire qu'expiatoire, l'ivresse arc-en-ciel arrache au réel, si gris, si sauvage. La profusion addictive d'aventures et d'images falsifiées remplit l'esprit, simultanément l'occupe et le vide. En lien avec l'intelligence artificielle, elle viole le cerveau, elle kidnappe la pensée, elle confisque le libre arbitre, le libre discernement, et même la libre création. Des humains insignifiants ou médiocres dans le réel voient leur avatar considéré et célébré, ils se créent une identité virtuelle vivante pour palier une identité réelle qui n'est pas morte, mais est sans vie. *Enfin* ils se sentent exister.

Markus Zook-her'berg, à l'origine du métavers et proche ami de Kevin, n'avait pas anticipé l'ampleur, prodigieuse, de la combustion.

Le divertissement fait œuvre de diversion, et l'intérêt va au-delà : recluse dans le virtuel, la population est aveugle et sourde à la situation de la planète, qui devient, clament les opposants de Kevin, « irrespirable ». N'importe quoi !

L'hégémonie productiviste et extractrice, l'érosion des religions « raisonnables », l'hypermatérialisme et l'anthropocentrisme carnassiers ont donné naissance à un récit dystopique, à de redoutables impostures. D'autres venins ont contaminé l'époque jusqu'à « légitimer l'illégitime » : individualisme, fracturation des sociétés, creusement des inégalités, disqualification des gouvernances internationales, affaiblissement des autorités d'État, effondrement de la démocratie, couronnement de nouvelles tyrannies, technologistes, qui séquestrent les libertés et capturent les données personnelles sans que les citoyens en soient ou veuillent en être conscients. La détérioration du vivant, le dépérissement de la biodiversité, la hâte – de faire, de posséder, de croître –, l'atomisation des peuples, l'enlaidissement et l'appauvrissement des paysages, la fraternité et la gratuité – d'un geste, d'un regard, d'une parole – irréversiblement corrodées, précipitent notre civilisation dans les abysses.

Voilà ce qu'ont autopsié quelques affreux complotistes dans une réunion privée. Je ne comprends pas tout, ils parlent une langue trop compliquée pour moi. Mais je devine le but qu'ils poursuivent avec leurs mensonges : saborder le destin de Kevin. Heureusement, il a verrouillé les canaux d'expression grâce à la magie technologique. Intelligence artificielle, algorithmes ciblés, reconnaissance faciale, banques de données – encore eux ! – qui consignent les mœurs et les goûts des citoyens, assurent à sa police de repérer toute déviance. Sa garde est venue arrêter ces vils mutins.

Quel aboutissement, quand même, toutes ces trouvailles ! Dans de telles conditions, qui peut croire qu'une résistance au nouveau pouvoir soit possible ?

Oui, *quelque chose cloche* dans la tête d'Alexandre. « Que se passe-t-il ? » s'interroge Laëtitia, incapable d'adresser la question à celui qu'elle aime et qui commence de vaciller. « Pourquoi erre-t-il en permanence, pourquoi s'égare-t-il de mes yeux et de l'amour des enfants ? Pourquoi s'emmure-t-il sans explication, pourquoi écroue-t-il son âme, vers laquelle je m'approche avec toujours plus de difficulté et d'appréhension chaque nouveau jour qui s'étire ? » Est-il *simplement* accablé par la conjoncture politique, par les périls, la plupart encore insaisissables, qu'elle provoquera sur les libertés, la démocratie, la justice, l'État, l'égalité, l'économie, la paix ? Ou bien le mal est-il *aussi* endogène ?

# Adolf, tu avais tout compris

J'ai fait une autre découverte géniale : les fondations sur lesquelles Adolf Hitler et ses nervis ont construit l'organisation qui a conduit à leur triomphe – le dénouement ne m'intéresse pas, de toute façon je ne porte jamais de jugement moral. Comment tirer le plus esclave, le plus barbare, le plus zélateur de ses troupes avec des moyens limités ?

Vous le savez, ma légion est trop peu nombreuse ; pour compenser, comment mes « autres » peuvent-ils donner le meilleur d'eux-mêmes ? Être déférents et entreprenants, aux ordres et inventifs ? Et là, je le reconnais : quel génie, ce Hitler ! « Faire plus avec moins d'hommes » : il a réussi au-delà des ambitions les plus folles. Et voilà que je m'en inspire !

Ces méthodes, j'en ai fait la connaissance dans un texte qu'un journaliste a rédigé en écho aux travaux d'un historien. Si j'ai bien compris, je peux les résumer ainsi : un mécanisme managérial voué à l'extraction des ressources humaines, elle-même dévolue à l'obsession d'une productivité et d'une performance record ; une conception du travail non autoritaire, le subordonné consentant à son sort dans un véritable espace de liberté et d'autonomie ; une culture omniprésente de la communauté – productive, du peuple, des compagnons, des chefs, etc. –; une organisation décentralisée, tournée sur des objectifs et des missions dictés par la hiérarchie et que les valets exécutent en toute responsabilité – et toute culpabilité en cas d'échec –; une attention soutenue à l'engagement, à la motivation, à l'implication, au mérite, à la libération des énergies, censés procéder du plaisir de travailler et de la bienveillance de la structure…

Tout concourt à réduire l'individu à un capital humain, sa fonction à la productivité, son devoir à l'efficacité, sa responsabilité à la rentabilité.

La suite, je vous la livre *in extenso*, telle que ce journaliste l'a publiée. C'est corsé, il faut être averti pour tout comprendre, il y parle d'*État* et d'*entreprise* – je ne saisis pas tout, mais ça semble bigrement instructif.

> L'organisation de l'État allemand était elle-même révolutionnaire. Elle s'employait à éradiquer l'administration d'État, cet État d'une valeur bien inférieure à la race et qui contrariait le principe cardinal du darwinisme social : que meure ce qui doit mourir ! « Ce n'est pas l'État qui nous donne des ordres, mais nous qui donnons des ordres à l'État. Ce n'est pas l'État qui nous a créés, mais c'est nous qui créons notre propre État », proclama Adolf Hitler en 1934 à Nuremberg.
>
> À l'administration centrale et bureaucratique il fit substituer une constellation d'agences, sectorielles, momentanées, autonomes, affectées à la réalisation de missions et placées en rivalité permanente ; cette lutte de chacun contre tous, synonyme de polycratie, irriguait une forme de

darwinisme administratif, spontané et inconscient… dans une formidable cacophonie, bien éloignée de l'image de rectitude et de fluidité communément associée.
Les non-productifs, les non-rentables, les non-performants, étaient jugés « indignes de vivre », et la défense des faibles, des vulnérables, de l'égalité et du bien commun était pourchassée.

Reinhard Höhn, juriste et général de la SS, « sorte de Josef Mengele du droit », fut l'architecte du concept. Bénéficiant comme 800 000 autres nazis de la loi d'amnistie du 31 décembre 1949, il fonda en 1956 l'Académie des cadres, un institut de formation au management, au sein duquel, jusqu'à sa mort en 2000, 700 000 cadres issus des plus célèbres enseignes industrielles se formèrent. Il l'avait bien compris : à l'ère des « masses démocratiques, chacun veut être considéré pour ce qu'il est », non pas comme un subordonné, mais comme un collaborateur, une « personne qui pense et qui agit de manière autonome ».
Il avait jugé que l'opposition patrons-ouvriers et la lutte des classes étaient néfastes, et qu'il fallait leur substituer d'autres modèles, notamment la cogestion, à même d'assurer l'essentiel : à l'échelle de l'entreprise, l'autonomie du collaborateur doit conjurer les divisions politiques et sociologiques de la société (riches/pauvres, ouvrier/patron, etc.) et assurer l'unité de « volonté, d'affect et d'action de la communauté productive ». Traduit en langage « RH », cela induit que « tout manager est manager de lui-même », et que l'organisation à laquelle il est lié doit être attentive à son « développement personnel ».

Rien d'étonnant, alors, que les grandes théories du juriste nazi assimilent « l'entreprise à une armée ». « L'injonction, éminemment contradictoire, qui pesait sur l'encadrement de terrain, était d'être libre sans l'être aucunement. Le corollaire était, pour l'officier et le sous-officier de terrain, d'exercer une responsabilité totale, absolue, alors qu'il n'avait décidé de rien. En d'autres termes : la liberté d'obéir, l'obligation de réussir », rapporte l'historien. La seule liberté résidait dans le choix des moyens, jamais dans celui des fins. Combien de managers dits des strates intermédiaires devraient se retrouver dans cette description…
La réalité de l'oxymorique liberté manipulée, ou ordo-libéralisme, les conceptions modernes de management par objectif et de délégation des responsabilités en sont le théâtre. Quelle délicieuse perversité ! En effet, elle fait dévier le subordonné d'une liberté promise vers une aliénation certaine, pour le plus grand confort de la direction qui ne porte plus seule la responsabilité de l'incurie et de l'échec – potentiel ou avéré. En découlent anxiété, stress, burn out et bore out (démission intérieure), des phénomènes psychosociaux bien connus aujourd'hui.

Faire plus avec moins d'hommes, donc, et aussi faire davantage tout en faisant des économies. Voilà la quadrature du cercle à laquelle le régime nazi était contraint, puisqu'une grande partie des hommes était sous les drapeaux quand le besoin de production – industrielle, militaire, agricole – s'étendait proportionnellement aux conquêtes territoriales. Les individus sont réduits à un simple facteur travail, à une « pure ressource humaine », à un « capital

> productif », à un matériau destiné à satisfaire l'exigence de performance, de productivité, de prospérité, et de maximisation des profits exigée des entreprises.

Le plus important de cette démonstration, c'est ce que j'en ai fait dans mon royaume. J'ai appliqué à la lettre les consignes de l'ingénieux Reinhard Höhn. Je vous laisser deviner le résultat : magistral.

En complément de cette découverte, j'ai fait celle de documents dont, là encore, j'ai oublié le nom des auteurs. Peu importe. Ils ou elles racontent ce qui, dans les entreprises, cimente le collectif de travail ou, plus précisément, consolide de manière subtile la suprématie des dominants. Je n'ai pas tout compris, les détails sont complexes, mais *en gros* : les dominants emploient une rhétorique, baptisée « néolibérale », qui conforte leur sceptre sans que les subordonnés s'en rendent compte. Mieux : par les mots, ils inoculent en leurs sujets l'illusion qu'ils sont abstraits ou délivrés du joug. Les subalternes croient être émancipés de leurs suzerains, ils pensent être libres, autonomes, maîtres de leurs initiatives alors qu'en réalité ils sont endoctrinés à leur insu. C'est fantastique !

Le dominant embarque ses sujets vers l'obsession « joyeuse » de produire, d'être efficace, d'être rentable, en dissimulant la destination finale de cet asservissement : consolider son pouvoir. Impressionnant !

Il les convainc que de la croissance de l'entreprise dépend leur propre disposition à grandir, qu'au progrès du collectif est conditionné celui de leur propre personne ; ainsi le sillon qu'emprunte l'entreprise et celui que poursuit l'individu sont indissociables, interdépendants. Et là où c'est vraiment fort, là où cette indivisibilité livre sa meilleure performance, c'est que le pantin ne se donne pas le droit que l'entreprise fléchisse ; car cela signifierait que sa contribution est coupable du déclin, et donc que lui-même est en régression.

Toujours plus ingénieux : il se croit libéré de toute fâcheuse responsabilité. Or, dans les faits, il est investi de l'infinie responsabilité d'être « à la hauteur » vis-à-vis des autres, et il est galvanisé par le but suprême : être considéré par le seigneur. Qui prendrait le risque de lézarder son estime de soi, de se dégrader à ses yeux et à ceux de chaque collègue, chaque ami, chaque parent ? Ce perfide mécanisme embarque tous les membres du collectif vers le même objectif de *sur-réussir*. Sensationnel !

Autre vertu : l'idiome infantilisant élimine le doute. Or, nous despotes, le savons bien : rien n'est plus périlleux que de laisser à ses obligés l'opportunité de douter. Par principe, du doute saillissent l'esprit critique, le discernement libre, la capacité de se construire, de se réaliser, puis d'exister « par soi-même » ; ces propriétés s'expriment d'abord à titre personnel, puis peuvent suinter et coaliser dangereusement au sein du collectif : un subversif en contamine un autre puis un autre, ensemble ils vont former un collectif d'insoumis.

Oui, chez les dominés, ce langage rassérénant et paternaliste efface le doute et sécurise, or la sécurité est une condition pour apprivoiser et assujettir sans obstacle. L'histoire des dictatures atteste la règle, Kevin l'applique avec soin. Dément !

Même sur son lieu de travail, la transformation d'Alexandre préoccupe. Son travail ? Évoquons-le.

Alexandre commande en France le département *Mergers & Acquisitions* (fusions-acquisitions) d'un géant américain de la finance, WhitePop. Il consacre ses jours et une partie de ses nuits à racoler les *hedge funds*, à flatter les chefs d'entreprise pour les convertir aux « attributs » des *leveraged-by-out* (LBO). Il instrumentalise les opinions sur les supposées vertus de ses fonds « verts et responsables », il conspire pour fomenter des offres publiques d'achat sauvages – ces stratégies d'intrigue et de déstabilisation grâce auxquelles une entreprise s'empare d'une rivale contre son gré.

Il est devenu maître dans l'art du philanthrocapitalisme : il n'a pas d'égal pour nimber WhitePop d'une réputation altruiste admirée tout en fléchant la destination de sa générosité vers la culture technosolutionniste… au cœur de ses investissements. Cette recette, il l'a vendue avec bonheur (et riches revenus) à d'autres. Parmi eux, le bien nommé Arnaud Berne-Art, qui possède un empire du luxe. Alexandre l'a convaincu d'investir sans limites dans l'univers de l'art – et sa fiscalité généreuse – ; l'indiscutable esthète a bâti une collection hors normes, il a créé une fondation puis fait ériger un musée privé faramineux, il a financé des expositions spectaculaires et racheté la plus célèbre galerie internationale, il est donc devenu un acteur incontournable du « marché de l'art ». De quoi *ostensiblement* s'afficher munificent bienfaiteur de l'Art, mécène providentiel de la création, et *subrepticement* enflammer la cote spéculative des artistes qu'il collectionne, établir d'astucieuses passerelles marketing qui dorent la notoriété et donc la comptabilité de sa myriade de marques – tout en régalant jusqu'à l'indigestion son désir narcissique.

Alexandre a raison de le prétendre : manipuler l'opinion est tout un art.

L'envergure des profits cumulés et des honoraires engloutis forme sa raison d'être professionnelle. Dans ce métier, ses facultés de mathématicien, son agilité intellectuelle, sa maîtrise et sa frugalité émotionnelles font merveille, elles l'ont porté très naturellement au rang de directeur. Personne ne s'en est jamais plaint, puisque personne n'attend d'un tel hiérarque d'autre talent que celui de « lever des lièvres » gras et cupides. Et à ce jeu, chacun le concède, il impressionne.

Mais depuis quelque temps, il semble, ici aussi, que son esprit *vagabonde*. Sans qu'il soit possible d'arrimer un sens précis au verbe. Son esprit musarde-t-il, badaude-t-il tout simplement ? Ou, plus gravement, élucubre-t-il, divague-t-il, fuit-il ?

Lors d'un déjeuner avec trois collègues du service, Paul, l'un des adjoints d'Alexandre, ose :

« Je l'observe attentivement depuis plusieurs mois. J'en suis convaincu : il cherche à s'échapper de *quelque chose*. Je ne sais pas de quoi. S'agit-il d'un problème professionnel, familial ?

Est-il devenu amoureux d'une autre femme que Laëtitia ? Est-il usé par le rythme de travail ? Je ne sais pas. Mais j'opterais volontiers pour une autre piste : j'ai l'impression qu'il est en combat avec lui-même, au fond de lui-même, sans que je puisse mettre un nom sur l'objet de ses luttes. »

Laurence, jeune recrue récemment diplômée de l'École polytechnique, renchérit :

« Et s'il faisait le constat que son existence est en panne de sens ? Et même vide de sens ? »

Abasourdis, ses voisins la dévisagent puis la morigènent.

« Crois-moi, notre activité ne manque pas de sens. Faire grossir, prospérer nos clients, et en conséquence nous enrichir nous-mêmes, tu appelles *ça* comment ? Ce n'est pas du sens ? *Ça*, Alexandre en est, de nous tous, le meilleur apôtre. Et tu veux dire quoi, avec ton *sens* ? Ceux qui clament chercher un sens dans leur travail sont ceux dont la vie est dépossédée de sens. Le travail n'est pas un palliatif au déficit de sens de l'existence. Au mieux, et c'est mon cas, le sens du travail est aligné sur celui de l'existence et le nourrit, le fortifie. Un conseil : si tu en doutes, tu n'as aucun avenir ici, tu peux faire tes valises dès maintenant », réplique, crûment, Paul.

Alexandre est loin de la joute. Il marche, d'un pas nonchalant, dans Saint-Germain-des-Prés. Il arpente les ruelles qui ordonnancent le quartier feutré des galeries, il est comme hypnotisé, hagard, il pose son regard sur les vitrines rue de Seine, rue des Beaux-Arts, rue Jacob, sans que son regard réussisse à se poser sur les masques Yoruba, les dessins de Mušič, les fétiches Fon, les crânes de Barrot qui attendent les yeux ou les doigts des amateurs. *Quelque chose cloche bel et bien dans sa tête.*

Au début, ces échappées solitaires étaient furtives, espacées, elles étaient même invisibles de son environnement de travail. Leur cadence s'était peu à peu intensifiée, sans toutefois que son « œuvre » professionnelle en pâtisse : sa pétulance intellectuelle et son charisme maquillaient et comblaient les absences. Les équipes et les clients d'Alexandre commencèrent cependant de confabuler, puis de gloser dans une spirale tautologique venimeuse. Jalousies et convoitises s'aiguisaient au fur et à mesure que l'icône vacillait, laissant entrevoir l'hypothèse d'une disgrâce et donc, pour chaque rival, l'espoir d'être promu.

Alexandre s'en doutait déjà. Et s'en amusait : « Avec les clients et les partenaires, j'ai joué, sans limites, des adversités et des inimitiés, j'ai exploité sans vergogne la concupiscence et la rapacité naturelles des hommes, j'ai pétri avec doigté la hargne compétitrice qui les ronge, j'ai jonglé brillamment avec la duplicité. Je vais découvrir que ces joyeusetés s'offrent, à l'intérieur même de l'entreprise, une scène autrement plus carnassière. »

Il devenait la proie d'une poignée de prédateurs spécieux, hier laudateurs et serviles, aujourd'hui déterminés à le déchiqueter et à broder son suaire. Mais il s'en moquait. Par cynisme ou excès d'assurance, surtout parce que ses tourments l'embarquaient ailleurs, beaucoup plus loin, là où personne ne pouvait se mesurer à lui, là où personne ne devait le croiser.

Là, dans le fracas encore embryonnaire où ces vulgaires corsaires auraient fait pâle figure.

Là, c'est une colline aride, une terre assoiffée qu'auparavant il pouvait traverser parce qu'il y débusquait des points d'eau ; aujourd'hui, ils sont asséchés, il doit rebrousser chemin.

Là, c'est une forêt qui a envahi chacune des clairières à l'intérieur desquelles autrefois il se réfugiait, se soignait et se reconstituait ; aujourd'hui, cette forêt est une prison que déchirent des hurlements, qu'ensanglante une tribu diabolique.

Là, c'est une arène d'où, il y a peu, il parvenait à s'extirper en s'agrippant à des mains salvatrices qui le hissaient et le délivraient des démons ; aujourd'hui, cette providence s'est volatilisée, les murs de l'arène sont devenus des remparts infranchissables, Alexandre gît au centre du théâtre, il se débat contre l'épouvante, contre des tentations haïssables.

Là ? C'est sa tête, son cerveau, son âme.

Là-*dedans,* tout est en train de devenir volcan.

Alexandre se retranche chaque fois que l'éruption menace, dès qu'un filament de lave se forme. Il se retranche dans le mutisme ou dans la fuite. Il se retranche pour chasser les fantômes, les fantômes qu'il avait crus disparus pour toujours, les fantômes qui réapparaissent malgré lui. Malgré lui, vraiment ? Ces fantômes sont-ils simplement la terrible intimidation politique, sont-ils seulement l'engrenage des pulsions – individualistes, mercantiles, matérialistes, compétitrices – provoqué par le capitalisme et l'exercice de son métier, ou ne ressuscitent-ils pas avant tout « grâce à » sa désinvolture thérapeutique ?

En tout cas, l'objectif d'Alexandre est alors de protéger Laëtitia et les enfants, de préserver son emploi, de sauvegarder l'apparat social.

Laëtitia et les enfants.

Laëtitia est perdue. Elle se remémore *Le Ghetto intérieur*, ce roman d'un auteur dont elle a oublié le nom, il était sud-américain, lui semble-t-il. Elle vit l'épreuve de Rosita, l'épouse de Vicente, muette et désemparée devant la neurasthénie dans laquelle se dissout petit à petit son mari, émigré en Argentine et séparé de sa famille encagée dans le ghetto de Varsovie. Quel est ce ghetto dans lequel Alexandre est lui-même interné, quelle est cette geôle qui l'affame, l'encoffre, l'éteint?

Laëtitia n'a pas la patience de Rosita, sa loyauté n'est pas aussi sacrificielle. Question de culture sans doute, et peut-être d'époque. Laëtitia dépérit, mais elle a trouvé auprès d'un collègue de la librairie un réconfort bienvenu. François ne lui apporte ni l'admiration, ni la fougue, ni les vertiges qu'Alexandre a semés au fond d'elle. Mais que serait-elle sans l'affection attentive, légère, joyeuse que ce célibataire quadragénaire lui consacre le jour au milieu des livres, quelquefois le soir, dans une chambre d'hôtel qu'elle quitte pour rentrer au foyer relayer la nourrice et coucher les enfants? Alexandre l'ignore, bien sûr, mais Laëtitia se demande sérieusement si de cette découverte il s'émouvrait.

La décrépitude d'Alexandre réveille en Laëtitia un vieux songe: d'où vient-il? Elle s'était accommodée de son silence, maintenant elle veut savoir. Pourquoi cadenasse-t-il son passé, pourquoi camoufle-t-il l'itinéraire qui l'a conduit jusqu'à leur rencontre, jusque dans ce café où un soir, gaiement éméchée, elle l'a accosté et l'a embarqué dans sa vie? « Si je défeuille son secret, si je connais son origine, je comprendrai peut-être ce qu'il est en train de devenir », s'est-elle persuadée. Mais comment faire?

Laëtitia et les enfants.

Clothilde a désormais sept ans, et Abraham quatre. Clothilde est grande, ses cheveux châtains ont bouclé, et ses yeux verts se sont assombris. Comme son tempérament. Elle qui était si joyeuse s'est peu à peu recroquevillée, son éloquence a commencé de balbutier, les couleurs éclatantes de ses dessins ont lentement dérivé vers des monochromes noirs ou rouges, le crépitement de son regard a doucement terni.

Son institutrice s'est inquiétée de sa soudaine solitude dans la cour de récréation. Un matin, elle s'est assise près d'elle, elle lui a parlé, l'a invitée à lui confier la cause de ce tourment, les raisons de ce chagrin qui s'éternisait. Clothilde l'a regardée, lui a souri, et l'a rassurée. Des préoccupations passagères et inoffensives, en a déduit la maîtresse.

Abraham, quant à lui, est encore dans l'– apparente – insouciance de son jeune âge. Il joue, il rit, il pleure, il observe, il court, il apprend les rudiments de l'enfance, sans que l'innocence de cette enfance semble perturbée comme chez sa sœur.

Alexandre consacre à Clothilde et à Abraham, depuis leur naissance, une attention si remarquable qu'elle est remarquée de tous ceux qui côtoient la famille. Cette attention ne se mesure pas quantitativement – de toute façon ses contraintes professionnelles ne le permettent pas –, mais à l'aune de l'écoute, du regard, des silences, de la voix, des sourires, des rires, des murmures qui le lient à eux. Personne, pas même Laëtitia, ne semble pouvoir s'introduire dans cette relation secrète, cette exclusivité mystérieuse. Elle l'admire, elle s'en réjouit souvent, mais parfois aussi, comme elle l'a confié à une amie, elle la jalouse. Un sentiment qui ne cesse de croître depuis qu'Alexandre désunit le couple.

L'attention d'Alexandre pour Clothilde et Abraham est impénétrable par Laëtitia, elle lui apparaît presque interdite, et cette inaccessibilité qu'elle ne peut ni vraiment comprendre ni vraiment admettre excite sa convoitise. Elle s'interroge : exprime-t-il là son besoin de les protéger du spectre apocalyptique qui ombre la France et une partie de l'Europe, veut-il les abriter de la nuit luciférienne qui s'abat sur l'espérance, cherche-t-il à conjurer Stefan Zweig qui, en des temps similaires, échoua à demeurer résistant et vivant face au péril ?

La considération, la compassion, la précaution, le pardon – en un mot : l'*amour* permanent – qu'Alexandre leur accorde poursuivent une autre raison : ils sont le seul antidote, il le sait, contre l'éclosion du mal qui l'a dévoré et le dévore de nouveau. Alexandre regarde ses enfants obsessionnellement, dès leur réveil et jusqu'à leur coucher, lardé par le doute : sont-ils, eux aussi, contaminés ? A-t-il inoculé dans leur corps et dans leur âme le pouvoir d'assassiner un jour ? Il le sait, aucun test génétique, aucun prélèvement biologique ne permet de détecter l'existence potentielle de la pathologie.

Il le sait, donc il a le devoir de les envelopper de l'amour que ses parents lui refusèrent, il est l'unique cuirasse à même de les préserver des assaillants.

Pourtant, et l'anxiété de Laëtitia enfle à la mesure du constat, cette attention chancit. Elle n'est plus aussi admirable, elle n'est plus indestructible. Alexandre voulait irrépressiblement protéger sa femme et ses enfants, son emploi et sa représentation sociale des agissements de ses bourreaux. Mais en effet, comme Laëtitia l'a observé, les premières craquelures sont apparues.

Il commence de se détourner des conversations avec Clothilde, il s'impatiente de ses hésitations, il s'agace de ses caprices. Son courroux devenu récurrent, son irritabilité infondée la contristent. Abraham est de plus en plus seul parmi ses jouets, son père traverse sa chambre sans traverser son regard, sans traverser son rire ni ses suppliques.

Il s'éloigne de ses enfants sans qu'il soit possible d'en identifier la cause : par désintérêt ou par peur ?

Pire, Laëtitia l'a surpris, à quelques reprises, rugissant, rouge de furie et les yeux rouges de haine. Un rouge qui déforme son visage, un rouge qui maquille un homme étranger, un homme qu'elle ne connaît pas. Le rouge des dessins de Clothilde y trouve peut-être son origine, pense Laëtitia.

Auparavant, le bel appartement était en vie. La musique occupait tout l'espace, et les harmonies diffusées étaient un indice de l'humeur d'Alexandre. Quand son ciel était cristallin, on entendait Manu Chao, les Stones, Dalida, Segundo ou Bowie égayer l'atmosphère. Lorsque les nuages se convulsaient et que l'orage grondait, lorsque la mélancolie ou l'abattement se déversaient, Beethoven, Barbara, Schumann, Cohen, Avidan, Reggiani se relayaient et obscurcissaient l'ambiance.

Les sols étaient une succession de parquets d'essences rares et de tons différents, issus de merbaux, d'irokos et d'érables. La grande bibliothèque contemporaine de merisier et de fer dressée dans le salon s'enrichissait presque chaque jour d'un nouvel ouvrage achevé. Parfois, Alexandre ramenait un dessin ou une toile qu'il avait dénichés dans une galerie du quartier. Laëtitia aimait chiner dans les boutiques de brocanteurs, et s'amusait à laisser son mari débusquer ses trouvailles, qu'elle avait disposées sur le scriban ou une console.

Les chambres des enfants étaient en joie. Partout des jouets, des livres, des coloriages éparpillés sur le sol. Dans la cuisine, immaculée, une cave à vin révélait une courte mais prestigieuse collection de crus bordelais, bourguignons et italiens.

La chambre du couple était un désordre permanent ; aux murs, tapissés de motifs exotiques, était accroché un triptyque auquel Alexandre était très attaché, sans doute parce qu'il lui ressemblait : des sujets sombres dont la subtile technique mettait en lumière les contrastes. Le lit était toujours défait, comme s'il était prêt à accueillir les amants dans une soudaine fougue amoureuse.

Alexandre avait fait de cet appartement son asile. L'asile à l'intérieur duquel on se réfugie et on se protège, on se répare et on se ressource.

Mais peu à peu le son de la musique s'était interrompu, celui des pas des enfants courant sur le parquet s'était dissipé. La bibliothèque s'était figée, les bibelots et les tableaux s'empoussiéraient, les cris et les rires faisaient place au silence. La table de la salle à manger n'accueillait plus guère. Chaque matin, les draps recouvraient strictement la couche.

Laëtitia le constatait sans pouvoir réagir : leur couple s'endeuillait. Le lieu de leur vie se congestionnait, il se consumait sous ses yeux. Leur vie était victime d'un rapt. La vie moisissait, la vie semblait mourir. La vie expirait.

## Une idée de génie

Je sais ce que vous pensez : « Voilà un petit moment qu'il nous annonce que "le fruit est presque mûr", que le "résultat" va être "magistral", que la stratégie est "bientôt pleinement opérationnelle", que la conjoncture politique et la métamorphose technologique sont idoines, qu'il fait profiter son organisation des "géniaux" préceptes fascistes et néolibéraux. En plus, il le reconnaît lui-même : la coriacité de l'adversaire s'érode. Ses attaques sont moins féroces et plus prévisibles, et les "autres" se sont acclimatés au poison au point d'engager une mithridatisation inespérée ; ce curare fait encore parfois son effet, mais son innocuité progresse au fur et à mesure qu'ils s'immunisent. Il nous promet un dénouement monumental, phénoménal, mythique, mais il est pour quand ? »

Encore un peu de patience, voyons ! Je vous détaille maintenant le dernier de mes plans, et pas le moindre. Peut-être le plus rusé, le plus déterminant de tous ceux déployés jusqu'alors. C'est lui qui va faire la différence et me porter au triomphe.

Bon, je résume : il me fallait au moins 7 000 000 de mercenaires pour accomplir l'assaut final, je devrai me contenter de 4 730 826 puisque « mon autre » a brusquement démissionné de ses devoirs. À cela, je retranche les 1047 traîtres et pleutres, il me reste 4729779 soldats. Si je n'ai pas la quantité, il me faut donc la qualité. Je peux compter sur une armée entraînée, disciplinée, dévouée – et même solidaire, déjugeant là les scientifiques convaincus que la valeur des relations décline proportionnellement à l'extension du groupe social. Mais pour porter l'estocade avec succès, il lui manque un « petit plus », il lui manque quelques propriétés qu'on recense seulement chez les humains.

C'est alors que mon aide de camp m'a fait part d'une initiative géniale : recruter des émissaires volontaires, que nous allons envoyer dans une sélection d'humains dont ils nous rapporteront ces fameux attributs. Une fois ingérés, nous les diffuserons chez « tous les autres », et nous engagerons l'offensive finale. Petit aparté : avant cela, je procéderai à l'exécution de mon aide de camp. Je ne veux pas qu'on doute que cette idée sagace vienne de moi, et en plus je trouve ce sous-fifre un peu trop brillant et ambitieux pour que je sois certain de son désintéressement.

Je reprends : j'ai les émissaires. *Que* nous manque-t-il, qu'ils doivent réussir à attraper, peut-être à confisquer, et à introduire chez nous ? Du cynisme, de l'ingratitude, de l'indifférence, du mépris, du machiavélisme, et surtout le plaisir, extatique, d'exercer le pouvoir sur les autres et contre les autres. Si nous ramenons les racines de ce *plaisir du mal*, plus rien ne pourra faire barrage à notre dessein.

Une centaine d'« autres » se sont présentés spontanément à mon adjoint en charge du recrutement. Ses méthodes de sélection ont fait merveille, isolant les apprentis-fugitifs et les fourbes candidats à l'exil, les opportunistes insuffisamment rigoureux, les las en quête d'une « bouffée d'oxygène » – je ris du bon mot ! –, les têtes aussi brûlées qu'écervelées. Exactement vingt-deux sont déclarés prêts pour le service.

Je les reçois un par un, en écarte cinq que je juge inaptes à la croisade. Reste donc dix-sept espions, chargés d'une mission vitale pour notre communauté. Ils sont réunis devant moi, je les passe en revue en silence. Pas besoin de grande proclamation, ils sont parfaitement informés et équipés. Je précise l'immense gravité et l'extrême urgence de la tâche, puis je les libère.

« Allez-y maintenant, murmuré-je. Et revenez vite, abreuvez-nous des observations, des enseignements, des expériences que vous aurez collectées. »

Alexandre maigrit, les bras, le cou, l'abdomen se décharnent. Il s'approche irréversiblement des limbes, ces limbes contre lesquelles il lutte depuis son adolescence, ces limbes qu'il était parvenu pendant toutes ces années à maintenir loin de lui ou tout au moins à une distance raisonnable. Sa consomption est psychique et physique, elle signifie que les ultimes boucliers se fissurent, le rapprochant de l'abîme.

Bien sûr, quelques répits, de rares accalmies apparaissent furtivement, ces soubresauts freinent l'inéluctable déliquescence.

Un jour, désinhibée par quelques verres de vin, Laëtitia embarque Alexandre dans une joute crue, brutale. Elle se sent forte, elle sait qu'elle est forte, cette force est enduite des luttes perdues et dépassées, elle est imprégnée du devoir maternel accompli et des révérences récoltées hors du couple, elle est incrustée d'une *liberté libératrice* désormais assumée. Laëtitia est délivrée de l'aliénation, elle surplombe enfin ce fantôme devant lequel, par admiration ou par miséricorde, elle s'est agenouillée depuis si longtemps.

Ce jour, elle s'est vêtue d'une robe légère et courte qui exhibe la finesse de ses jambes et recouvre la rondeur de ses seins. Elle s'est chaussée de hauts talons, elle a fardé ses lèvres et le contour de ses yeux, sa coiffure est délicieusement désordonnée. Elle se dresse face à lui, sans fatuité mais confiante, elle ne cherche pas à l'avilir, elle veut simplement afficher qui elle est. Elle verse sur sa figure inerte chaque empreinte de son affliction, chaque preuve du supplice qu'il lui a imposé. Pour la première fois, elle n'a rien dissimulé, ni les purulences de son propre dépérissement, ni le compagnonnage réparateur de François, ni l'énigme de ce passé devenu insupportable. Tel un boxeur agonisant sous les coups, Alexandre encaisse sans broncher chaque uppercut, chaque direct, chaque crochet que lui assène Laëtitia, ou plutôt que décoche le déterrement soudain des tortures endurées. Puis elle jette quelques vêtements dans un sac de voyage, prend les enfants par la main, et trouve abri chez une amie.

Alexandre est groggy, mais cette saillie verbale qui le dénude a sur lui l'effet d'un électrochoc. Dans un sursaut de désespoir, comme le mourant accroché à la vie défie quelques instants encore l'inéluctable, comme le condamné patientant dans le couloir de la mort continue de s'instruire, il se ressaisit miraculeusement. Quelques jours suffisent pour qu'il cesse de boire et de fumer, pour qu'il quitte le lit, se lave, se peigne, se rase, se vête. Pendant plusieurs semaines, il s'applique à respecter scrupuleusement son protocole thérapeutique, il recouvre un vernis de dignité, il semble retrouver de l'allant. Au travail, son retour est au début laborieux, puis très vite ses réflexes géniaux ressurgissent.

Pourtant, les démons qu'il s'escrime à chasser sont simplement terrés dans un recoin. Ils sommeillent, alors qu'il les croit vaincus.

Petit à petit, son esprit s'ennuage de nouveau, il exhume les fossoyeurs, de nouveau sa tête devient feu et vacarme. Il l'ignore bien sûr, au contraire du laboratoire Vierser à l'origine du dispositif expérimental et alerté depuis plusieurs mois par des tests de contrôle qu'il a celés : les molécules prodiges se nécrosent, les performances du traitement s'étiolent.

Les seules, les dernières digues qui protègent Alexandre d'une nouvelle invasion du mal se fêlent.

## Ah, faire le mal, c'est jouissif

Ils sont de retour ! Après un temps que je ne peux pas définir, mes dix-sept émissaires réintègrent notre antre. Ils sont apparus par différents boyaux et ont convergé vers mon quartier général. Avant même de recueillir leurs enseignements, je décrète la fête ! Imaginez 4 729 762 brigands qui accueillent ces héros en hurlant leur joie et leur fierté, en manifestant aussi l'impatience et la confiance que suscite la promesse d'équipements létaux inédits et radicaux.

Les agapes passées, je les réunis à mon domicile personnel, signe de l'immense attention que je leur porte, ou plus exactement – mais cela ils ne s'en doutent pas – que je confère aux trésors qu'ils nous rapportent.

« Allez-y ! » clamé-je dans un état d'excitation que je n'avais pas connu depuis longtemps. Je me découvre même approchant le stade de la convulsion hystérique, qui m'avait toujours épargné. « Dites-moi tout ! Que ramenez-vous de votre aventure ? »

Et là, je vous le dis sans exagération : l'apothéose. Dès les premiers échanges, je saisis que mes chapardeurs ont moissonné une matière plus foudroyante encore que celle dont les généraux et moi avions rêvé. Eux-mêmes contiennent avec peine l'état de transe dans lequel leurs cueillettes les ont plongés, et je dois hausser le ton pour restaurer un peu de calme.

« On reprend son souffle, on s'écoute les uns les autres, et je ferai la synthèse. »

Ce n'est pas une synthèse, c'est une bible que je pourrais composer à partir de leurs témoignages, chacun aussi lumineux et précieux que l'autre. Voici une savoureuse sélection. Vous allez vous régaler !

Ils se sont promenés *dans* des politiques, des dirigeants d'entreprise, des syndicalistes, des enseignants, des « petits chefs », des quidams. Des puissants enchaînés à l'obsession de détenir le pouvoir, et surtout de l'exercer avec le plaisir de faire du mal. Vous vous rappelez ? Ce sont les propriétés de ce plaisir qui nous font défaut. Ils ont exploré le grand puissant célèbre comme l'insignifiant puissant anonyme, et ils ont appris de chacun d'eux, à différents niveaux.

Ce qu'ils ont trouvé dans ces hommes – apparemment ce serait très « masculin », je ne sais pas ce que cela veut dire – est spectaculaire. Ces puissants considèrent que ce qu'ils pensent est ce qui doit être pensé : ils ont cette caractéristique en commun. Ils se différencient ensuite selon leur profil, leur histoire et le milieu dans lequel ils évoluent.

Les politiques sont élus par le peuple – ce que les humains dénomment la démocratie, une folie à bannir –, et pour être désignés ils doivent séduire, convaincre, mais aussi éliminer leurs adversaires – en douceur, pas comme chez nous. Le pouvoir, ils le traquent pour des mauvaises (partager, rassembler, orienter, acter, mettre en œuvre) et des bonnes (régner, briller, s'enrichir et même détruire) raisons. Un politique peut user de sophisme sans être contesté, il peut mentir, manœuvrer, anéantir sans être inquiété, il peut agir pour son compte dans le mépris total de ce que les humains baptisent la *morale* – autre principe délirant. C'est fascinant. Certains de ces politiques possèdent une intelligence prodigieuse ; lorsqu'ils l'ont éclaboussée de *mal*, elle devient une machine redoutable, au service exhaustif d'exercer le plus grand pouvoir sur le plus grand nombre. C'est ensorcelant. Tiens, émissaire, raconte-leur ton expérience.

« J'étais dans Olivier Wokiller, un ministre – c'est un poste important dans la démocratie des humains. Des dizaines de personnes se relayaient jour et nuit pour le seconder dans sa tâche. Lorsqu'il quitta ses fonctions, il ne salua même pas des collaborateurs qui s'étaient dévoués sans relâche pour lui. Ce jour-là explosa devant leurs yeux son visage véritable, celui que la trépidation du labeur avait grimé pendant des mois ; ils comprirent qu'au regard de cette personnalité infiniment égocentrée, ils étaient les éléments d'un échiquier qu'il manipulait au seul profit de son ambition. Il les avait exploités sans limites, maintenant il passait à autre chose, et comme ils ne lui étaient plus utiles, ils étaient brutalement effacés de son attention et sans doute de sa mémoire. »

La culture froide et déshumanisée de l'utilitarisme est une formidable qualité pour atteindre le pouvoir.

Souvent, et c'est valable dans les démocraties, les politiques sont de remarquables orateurs, ils galvanisent les foules, ils se muent en gourous pontifiants et omniscients – tels Mussolini marchant triomphalement sur Rome ou Castro haranguant un peuple hypnotisé. L'exercice du pouvoir – le pouvoir de promouvoir ou de punir, de récompenser ou de démolir – les enivre, la transe du pouvoir les détourne des principes éthiques – les humains appellent ça des « valeurs », encore une notion stupide – et les embarque dans des comportements contraires aux idéaux qu'ils martèlent. Les politiques se jouent aisément des situations antonymiques. L'incohérence ne figure pas dans leur lexique.

Vas-y, émissaire, dis-nous ce que tu as appris dans Jean-Paul Méchantlong.

« C'est impressionnant. Il estime que toute pensée discordant de la sienne est infecte, et que l'idée et son auteur sont indivisibles ; donc, s'il vomit une idée, il maudit l'auteur tout autant. Sa haine du mot dissident est inséparable de sa haine pour celui qui s'en est rendu "coupable". Et cette haine, il l'exprime et l'exploite avec tant de talent ! Un vrai spectacle. Il proclame le plus *beau* pour les humains – vu par eux bien sûr – : la justice, l'émancipation, l'accomplissement et l'individuation des êtres, l'égalité, la fraternité. Dans le même temps, il ostracise tout contestataire. Il louange l'humanité "générique" et brise celle de tout opposant. Il glorifie la liberté collective et mutile celle de tout déviant. Et cela jusque dans son propre camp ! Il faut les voir ramper devant lui. Les disciples en ordre derrière l'idéologue. Quelle efficacité ! C'est la magie du charisme. »

L'argent – c'est central chez les humains : ça leur permet d'acheter et de vendre, de consommer et de posséder, d'aliéner et de dominer ; l'argent établit entre eux la hiérarchie de ce qu'ils « valent » – est l'arme principale des puissants. Pour beaucoup, il est même davantage qu'une obsession : un compagnon. Un compagnon qu'ils nourrissent, caressent, tiennent fermement en laisse, un compagnon auquel ils se sont menottés. Et là, c'est encore plus étourdissant. Des humains disent que « l'argent rend fou » ; mes émissaires l'ont constaté dans des proportions inouïes, ils ont vu comment l'argent dissémine le mal en celui qui l'accumule, le mal pernicieux, malveillant. Le plus démoniaque et performant des maux. C'est sensationnel. Quelle leçon !

Ce mal prend des formes indexées aux volumes d'argent qui lui sont affectés, voilà pourquoi ceux que les humains désignent par « patrons » y sont peut-être plus réceptifs que d'autres. Attention, je ne suis pas caricatural : mes émissaires se sont rendus dans des patrons altruistes, justes, fédérateurs, sensibles à une pratique éthique de la responsabilité. Il y en a, et, semble-t-il, beaucoup, mais ces « entrepreneurs » sont sans intérêt puisque leurs supposées qualités ne sont *à nos yeux* – trop drôle d'employer une sémantique sans signification pour moi – que faiblesses et défaillances.

Bon, je reprends. Ces patrons, qu'ont-ils de commun dans l'exercice maléfique du pouvoir ? La folie des grandeurs, un narcissisme et une *hubris* extravagante. Un de mes émissaires s'est promené dans Noël Musc, c'est fabuleux de voir comment le venin de l'infatuation, de l'orgueil, de la démesure provoque amaurose et irrationalité, et peut précipiter dans un sabordage suicidaire.

Ce venin entretient l'insatiabilité, il ne connaît pas d'antidote et peut se propager sans ralentir. Un autre émissaire a ainsi séjourné dans Visant Coupola. Un sacré spécimen! Vous vous souvenez? Le pauvre type dont je vous ai rapporté la pathétique narration du triomphe de Kevin y faisait référence. Coupola est l'un de mes maîtres. Il a fait fortune dans l'exploitation (dans toute l'acception du terme) d'un continent *riche* et *vulnérable* – deux conditions du pactole! –; génial empire d'une race sur l'autre en faisant croire que le prépotent corrupteur et mercantile œuvre à l'émancipation des autochtones. Dans son pays d'origine, il s'est aussi employé à arraisonner la liberté d'informer, la liberté de penser, la liberté d'écrire, et cela en toute… liberté. Chaque fois que son obsession sécuritaire, identitaire, libérale, confessionnelle est contestée, *boom*, il fait le ménage. Quel talent de réussir ainsi, dans une démocratie, à confisquer la liberté! Il est devenu iconique dans le cénacle de Kevin Darbelat, qui sait ce que son triomphe électoral lui doit.

« L'argent rend fou », et il développe chez des patrons une qualité ubiquitaire: le goût d'humilier. Je me demande d'ailleurs si le plaisir d'humilier n'est pas le principal germe du mal. Mes émissaires se sont régalés partout où ils l'ont croisé. Tiens, toi, raconte-leur.

« Je me retrouve dans l'un d'eux. Un seigneur de l'humiliation. Il humilie sans discernement, il humilie ceux qu'il a assujettis et dont il juge qu'ils lui *doivent* – leur salaire, un soutien –, il vient en aide à ceux qui lui serviront puis qu'il pourra avilir. Il scande méthodiquement sa sape de quelques répits qui donnent un bref espoir à ses victimes. Son plaisir de terroriser enfle lorsque l'humiliation s'exerce en public et que la proie se tait, ploie et s'incline, il exulte de ce qu'éprouve la dépouille : elle est humiliée par l'insulte, elle est humiliée de s'avouer, au fond d'elle et devant les autres, incapable de riposter, elle est humiliée parce qu'elle sait qu'elle acceptera le lendemain de revenir subir les coups. Le mal de l'humiliation infuse dans la victime celui de la honte, la honte qui paralyse et soumet plus encore – même lorsqu'elle parvient à s'affranchir du bourreau. Endurer et feindre, pâtir et flatter, souffrir et sourire. L'esprit du persécuté se scinde, il entre en schizophrénie et en conflit éthique. Ceux qui disposent des facultés résilientes – de l'amour avant et après le trauma – revivent, les autres pleurent, deviennent mutiques, s'emmurent, s'abandonnent, sombrent. Ce monsieur cultive l'humiliation la plus efficace : celle qui culpabilise, qui défigure. Un jour, flanqué de quelques serfs, il reçoit un collaborateur âgé et leur lance, hilare : « Vous ne trouvez pas que ça sent le formol ? » Dévasté, le vieux ! Il se retire, sort dans la rue, il mendie une cigarette auprès d'un passant, l'allume, c'est sa première depuis vingt ans, puis il s'écroule, prostré, sur un banc. Quelle performance ! »

Les humains disposés à humilier n'ont de véritable considération que pour les forts, mais ils les redoutent parce qu'ils fragilisent leur autorité et l'hégémonie de leur pouvoir. Leur machiavélisme jubilatoire a plusieurs origines, l'une d'elles est de compenser un complexe, de combler une lacune.

Ce qui à la source est une revanche se mue en vengeance au gré des progressions du pouvoir ; au début, ils font le mal avec embarras, ils font le mal pour se défendre ou pour installer un pouvoir auquel leur physique ingrat, leurs connaissances insuffisantes, leur aura insignifiante ne peuvent pas prétendre. Puis, à force de talent et d'opportunisme, leur pouvoir se déplie, et alors le malaise qu'occasionnait l'exercice du mal s'estompe. Ensuite, ils apprennent à faire le mal en ressentant du plaisir. Enfin, ultime stade, et c'est la consécration apothéotique, ils font mal pour éprouver du plaisir.

L'exercice tyrannique du pouvoir n'est pas propre aux seuls « tout-puissants », il prospère aussi dans des corps et des esprits anonymes.

Il est dans le chef de rayon qui moque ou brutalise la caissière du supermarché, il est dans le parvenu qui parade dans son imposante et rutilante voiture, il est dans le client d'un paquebot qui parmi quatre mille autres abrutis contemple la mer de sa suffisance et déverse sur les villes-étapes son hideuse arrogance. Il est dans le syndicaliste égoïste qui prend en otage des millions de voyageurs pour gonfler d'une part supplémentaire sa ration corporatiste. Il est dans l'enseignant qui martyrise l'enfant vulnérable devant ses camarades de classe, il est dans le policier qui persifle la jeune femme victime d'une agression, il est dans le fondamentaliste religieux qui introduit la mystification dans l'intégrité des textes.

La liste est infinie. Vous l'aurez compris – je le précise quand même, au cas où –: ma grille d'appréciation et celle des humains sont antithétiques; ceux que la « bonne », la « molle » pensée des humains maudit sont nos modèles. En fait, le goût du pouvoir est relatif – chaque individu est le dominant et le dominé d'un autre –, il est partout où les humains ont établi une hiérarchie et des rapports de force, partout où ce qu'ils *possèdent* est un déterminant intrinsèque et social de ce qu'ils *sont*.

Vous le savez, tout commandant d'une communauté de 4 729 779 serviteurs que je suis, j'ai un peu de temps libre. Je m'instruis. Utilement – cela veut dire : pour conduire mes cohortes à la victoire. Je vous ai exposé les expérimentations des hommes dont je m'inspire – vous vous souvenez ? l'organisation selon Reinhard Höhn, le vocabulaire pour formater et apprivoiser les consciences. Accordez-moi le plaisir d'évoquer la douce barbarie du chiffre, parce qu'elle éclaire les ferments du mal que mes émissaires sont allés récolter.

Chez les humains, tout est chiffre. C'était moins le cas *avant* – avant quoi d'ailleurs ? je ne sais pas –, les chiffres servaient à créer des repères factuels et communs (de temps, d'espace). Aujourd'hui, rien de ce qui fonde l'existence, les relations, le travail des humains, n'échappe à la quantification évaluative et comparative, emblématique du néolibéralisme. Même ce qui n'est pas rationnel, palpable, matériel est calculé, aucun comportement, aucune pensée, aucune émotion ne peut plus être soustrait à une comptabilité. Les humains quantifient et notent tout : le soin, la création, l'intelligence, le service, l'engagement, les compétences, le sourire, l'amitié, l'amour, que sais-je encore ?

Tout réduire à des nombres a de grandes vertus : mesurer, anticiper, corriger afin de mieux contrôler ; cultiver la concurrence et la hiérarchie entre les êtres – les entreprises en raffolent – ; araser le principe de la *complexité* et lui substituer un simplisme et une uniformité qui « lèvent le doute » et docilisent – vous vous rappelez ? le doute est un danger, car il autorise l'autonomie, donc la contestation et la transgression – ; nier l'altérité, effacer les aspérités, colmater les trous à l'intérieur desquels bouillonne la créativité ; façonner *à sa main* l'organisation de la société, la conscience et le comportement de ses membres – le pouvoir est *dans les mains* de celui qui *a la main* sur la définition et sur l'interprétation des chiffres –, et discréditer les rares domaines restés inchiffrables.

Le chiffre défigure, il subtilise la peau du visage, il gomme les expressions du regard, il arrache l'âme au corps. La monomanie comptable essentialise, au final, elle *déshumanise*. Dans les camps de la mort imaginés par les nazis, des chiffres étaient imprimés sur les bras des prisonniers ; leur identité reléguée à un matricule, ils pouvaient enfin devenir des « sous-hommes ».

Exactement les mêmes références qui charpentent ma société. Il n'y a pas de doute : nous sommes définitivement prêts. Et je suis, moi aussi, un génie du mal.

Je vous promets, j'arrête là mes digressions sociologiques et philosophiques. Mais elles étaient nécessaires pour expliciter les trésors que mes émissaires ont puisés dans les humains et ont ramenés dans notre tribu. Maintenant que nous détenons toutes les propriétés du *plaisir de faire le mal*, place au final ! Il s'annonce grandiose.

Les seules, les dernières digues qui protégeaient Alexandre d'une ultime invasion du mal cèdent.

C’est l’heure ! Ils sont prêts.

Mes 4729762 gredins quittent leur abri. Les uns après les autres, ils se frottent aux dix-sept émissaires et désormais sont enduits des propriétés quintessentielles du mal. Chaque fantassin rejoint sa section, les sections sont ordonnées dans les escadrons, les escadrons sont enchâssés dans les bataillons, les bataillons dans les brigades, les brigades dans les divisions. Ils arpentent chaque vaisseau, chaque tissu, chaque tranchée qui constelle le corps d’Alexandre, ils progressent sans crainte, car avec le temps, ils sont devenus imperméables aux poisons contre lesquels ils ont bataillé toutes ces années.

Sans croiser la moindre résistance, ils convergent vers son esprit, autour duquel ils se regroupent puis se déploient. Pas un seul interstice, pas un seul conduit y menant n’échappe à la vigilance de mes « autres ». Ils guettent mon signal. Je patiente, car je veux savourer l’instant. Je le sais, il ne se reproduira pas, et je l’ai attendu *si longtemps*, je l’ai espéré *si souvent* – il me semble que je commence à apprivoiser le temps.

Enfin. Je juge que c’est le moment.

« À vous ! »

D'un coup, 4 729 779 mercenaires du mal envahissent l'esprit d'Alexandre, s'emparent de chaque recoin, bloquent les issues par lesquelles l'ennemi pourrait surgir. Ils font le siège, le mal tapisse, recouvre, cimente maintenant l'entièreté de l'esprit d'Alexandre. L'intérieur du crâne d'Alexandre explose, des flèches de feu embrasent les bras et les mains d'Alexandre.

En cet après-midi vespéral, Laëtitia somnole dans la chambre. Elle est revenue il y a quelques jours, après une énième promesse, elle est revenue, car, même furtif, un répit vaut mieux dans son âme que la disparition de l'espérance.

Ils sont seuls dans l'appartement, Clothilde est à son cours de sculpture, Abraham fête l'anniversaire d'un ami.

Alexandre se rend dans la chambre. La peau de son visage, marbrée par les excès, devient brutalement vermeille. Des profondes encoches et des fines rides qui l'ont labourée, de ses yeux subitement exorbités, des vaisseaux sanguins comme échappés de leur conduit et devenus incontrôlables, une explosion semble vouloir jaillir.

Il se penche sur elle. Puis de ses mains rougies, bleuies par l'effort, il lui serre le cou. Laëtitia se débat, tente de hurler, d'attraper la lampe ou le livre posés sur la table de chevet, mais ses doigts saisissent seulement de l'air et les draps glissent sous ses doigts. Elle cherche désespérément une prise à laquelle elle pourrait raccrocher la vaillance qui l'abandonne, les résidus de vaillance qui se dispersent. Les traits de son visage se déforment et deviennent stigmates, ses paupières se plissent, ses yeux se révulsent, ses lèvres sont gonflées de douleur, du nez s'écoule un flot ininterrompu de sang qui gicle sur les ongles du bourreau, de sa bouche jaillit un jet pourpre qui recouvre les habits du tortionnaire.

Le corps de Laëtitia crie ce que la voix, étouffée, doit taire, il se cabre, se contorsionne, il s'ébroue de spasmes d'abord vigoureux puis timides puis éteints, son tronc immobilisé par Alexandre laisse son bassin et les articulations de ses jambes s'agiter vainement.

Laëtitia halète, elle vagit, les pauses espacent le rythme, de plus en plus saccadé, des inspirations et des expirations, sa respiration devient irrégulière et apnéique, les muscles qui torsadent sa poitrine subitement se détendent.

Elle va mourir, cette femme qu'Alexandre a aimée et émerveillée, aimée et inquiétée, aimée et déçue, aimée et abandonnée, aimée et anéantie, cette femme qui l'a aimé jusqu'à endurer l'insupportable.

Alexandre, déflagré, envahi par le désir irrépressible de supplicier lorsque 4729779 messagers du mal ont franchi les barrières de son esprit et, de nouveau, après tant d'années à guerroyer contre le protocole thérapeutique, ont accompli la même œuvre scélérate qui avait massacré un jeune garçon. Alexandre qui, les yeux débridés et le regard imperturbable, étrangle, Alexandre qui, d'une poigne prodigieuse, strangule méthodiquement, Alexandre qui, sans plaisir ni haine, simplement cruel, embolise férocement la vie de sa proie.

Cette fois, il n'y a pas de sentier surplombant la scène et d'où pourrait surgir un promeneur providentiel venu secourir la pâture. Un voisin a bien entendu quelques cris, mais ils étaient feutrés, et de toute façon il n'est pas sûr, et puis il est parti dans son salon regarder son feuilleton. L'alerte est donnée par Clothilde, d'abord inquiète des silences auxquels se heurte sa pression répétée de la sonnette, ensuite apeurée de distinguer le murmure d'un râlement et le bruissement de pas sur le parquet.

Les policiers enfoncent la porte, se déplacent dans l'appartement, pénètrent dans une chambre. Ils découvrent le corps d'une femme gisant sur le lit, au pied duquel gît un homme pétrifié. Livide, mutique, statufié, il semble observer l'indicible meurtre qu'il a commis. Alexandre est menotté et embarqué au poste de police, le corps mort de Laëtitia enveloppé dans un linceul est transporté à l'Institut médico-légal, Clothilde est recueillie par une voisine, Abraham est chez un camarade, il joue et il rit.

# Le procès

Le procès d'Alexandre se tient dans quelques jours à la cour d'assises de Paris, seulement sept mois après l'homicide. Dans la République de Kevin Darbelat, le ministère de l'Intérieur coiffe celui de la Justice, ce qui permet au président de dicter l'agenda judiciaire. Et pour lui, cette affaire tombe à pic : *quoi de mieux*, pour récréer le peuple enténébré dans une situation économique, sociale et climatique dantesque, que de lui livrer une ration exceptionnelle de divertissement ?

Car l'événement est retentissant, il électrise les passions. Toutes les passions : politiques, médiatiques, scientifiques. Dans aucun foyer le sujet n'est absent. À l'école non plus, où les enseignants ont reçu l'ordre de traiter le thème dès la classe de sixième et même d'orchestrer des simulacres de procès. Les conseillers du président sont – pour une fois – à l'unisson : le peuple est déchaîné contre le coupable, *quoi de mieux* pour l'amadouer que de sustenter son hystérie et afficher sa pleine empathie ?

Voilà le moment tant attendu du procès.

Télévisions, radios, presse du monde entier ont dépêché leurs commentateurs les plus renommés. Tous viennent scruter ce thuriféraire du diable, ce représentant du diable, tous le promettent : ils s'immergeront dans son regard, ils disséqueront et interpréteront chaque syllabe de ses déclarations, ils réussiront à déchiffrer les traits du diable. À leur manière, ils sentencieront eux-mêmes le diable. Les chaînes d'information en continu ont déployé des moyens exceptionnels, les mieux outillées d'entre elles ont installé des studios mobiles au plus près du Palais de Justice.

Celle de Visant Coupola pulvérise à cette occasion ses records d'audience. Depuis cinq semaines, elle consacre au sujet l'essentiel de ses plateaux, et on ne compte plus les arguments originaux et percutants énoncés par ses éditorialistes. À ce drame, déduisent-ils, n'est pas étranger le lignage d'Alexandre avec un grand-oncle maternel originaire d'Afrique noire, cette « tare » ayant sans doute contribué à faire de lui la bête qu'il avait été à l'aurore de son adolescence et celle qu'il était redevenu vingt-sept ans plus tard.

Et de le rappeler avec force démonstration : lorsqu'on s'est comporté comme une bête une fois, seule l'incarcération à perpétuité réelle et, encore mieux, la mort, doivent s'appliquer. D'ailleurs, si cela avait été le cas, Laëtitia ne serait-elle pas en vie ? Démonstration imparable en effet. Que peut-on objecter ?

Ce jeudi matin, à l'aube d'une sinistre fin d'automne, Alexandre est extrait du pénitencier où il éprouve un isolement drastique. Depuis le début de sa réclusion, le médecin chargé de délivrer l'ordonnance de son abrutissement thérapeutique a été l'unique contact physique. Les gardiens échangent avec lui par l'intermédiaire de caméras vidéo. Il n'a pas rencontré son avocat, puisque, selon la nouvelle nomenclature édictée au Parlement, à cette fin, tout justiciable poursuivi pour meurtre ou assassinat doit patienter jusqu'au premier jour du procès.

Il s'est habillé sobrement, d'une chemise bleu clair et d'un costume gris-anthracite. Il est conduit au tribunal sous une escorte d'une envergure inédite. Les services du ministère de la Justice ont discrètement communiqué à quelques journalistes complices le tracé du convoi. Les réseaux sociaux ont ensuite fait leur œuvre, et la foule s'est pressée sur les trottoirs des rues qu'emprunte la caravane.

Le cortège conspue la bête.

À l'approche du tribunal, l'essaim est de plus en plus compact, les voix hurlent au passage de la bête, réclament la torture pour la bête, exigent la mort de la bête. La harde recompose le terrifiant tableau d'Henri de Groux, *Zola à la sortie du prétoire* (ou *Zola aux outrages*), livrant l'auteur de *J'accuse* à la haine, ivre et déchaînée, du peuple. Elle est survoltée, elle est enfiévrée par l'allocution, la veille au soir, sur toutes les chaînes de télévision et de radio, du président Darbelat : « La mort de Laëtitia appelle la mort de son bourreau. Ce soir, je ne vous fais pas une promesse, je prête un serment : à vous tous, Français, et en l'honneur de la France, je jure que je ferai rétablir la peine de mort. Je le jure devant Dieu et devant chacun d'entre vous. Moi président, la pendaison publique sera restaurée avant la fin de l'année, et cet abominable sadique en fera l'inauguration. »

Le populisme judiciaire est à un niveau paroxystique ; la loi de l'opinion publique s'est insinuée dans la composition des lois, elle gangrène l'orientation des lois, elle dicte sa loi aux lois. Dans les tribunaux, les verdicts ne sont plus hermétiques à l'opinion du peuple, et de plus en plus rares sont les magistrats qui osent la défier, provoquer sa colère – surtout lorsqu'elle est alignée sur les « recommandations » du ministère de tutelle.

Le procès s'ouvre. Près de mille personnes ont été accréditées, qui se pressent sous le dôme spécialement édifié pour l'exceptionnelle circonstance. À titre exceptionnel, les rues de Paris et des principales agglomérations de province diffusent le procès sur des écrans géants; comme *autrefois*, avant que les ordinateurs, l'Internet et les téléphones portables ne fassent leur apparition, la meute se regroupe et peut communier. Exceptionnellement, les entreprises publiques ont mis en place une organisation en « roulement » grâce à laquelle les employés sont autorisés à suivre l'événement à tour de rôle, et au sein des universités l'agenda des examens partiels a été ajourné.

Oui, ce procès est exceptionnel. Mais le plus exceptionnel est à venir.

Les neuf jurés ont été choisis avec soin, aucun ne devrait contester la ligne adoptée par le président ni invalider les réquisitions que prononcera l'avocat général. L'éventail largement féminin ne laisse guère de doute sur la traduction judiciaire d'un tel délit.

Peu d'avocats pénalistes ont manifesté le souhait d'escorter Alexandre. Chez certains, l'anathémisation de son acte, pour beaucoup la peur d'être persécuté par le pouvoir, ont eu raison de leur serment. Un ténor du barreau accepte toutefois, Étienne Boncas, que sa défense d'opposants au dépeçage constitutionnel par le régime a rendu célèbre.

Seules trois journées d'audience sont programmées. Kevin Darbelat avait annoncé la veille le rétablissement de la peine de mort « avant la fin de l'année »? Fort de sondages effectués dans la nuit qui magnifient son engagement, la promesse devient acte dès le lendemain. Ainsi aucun recours ne pourra suspendre l'exécution de la peine capitale – l'accès aux procédures d'appel est désormais arbitré à la discrétion du parquet.

Le procès débute sur la diffusion d'une reconstitution filmée du meurtre, à laquelle succède une procession de témoignages et d'expertises techniques et psychiatriques. Tous accablent le *coupable* Alexandre – le code pénal a été révisé, la présomption d'innocence a fait place à celle de culpabilité.

Ceux, encore vivants, qui s'étaient accordés sur la libération d'Alexandre du centre pédopsychiatrique lorientais profitent de l'« évaporation » du document officiel pour se rétracter. En chœur, ils pourfendent « l'unique responsable » de cette « folle décision », le professeur Pierre Servent-Trieber aujourd'hui décédé. « Nous avions pourtant insisté : de notre côté, cette perspective apparaissait irresponsable », complète le directeur du conservatoire de musique de Nantes. À l'époque, il était celui des différents professeurs de piano d'Alexandre qui militait le plus vigoureusement pour son élargissement. Il avait alors plaidé l'« impossibilité » qu'une telle sensibilité musicale puisse coexister avec une pathologie psychopathique.

Des arguments similaires avaient dicté le parrainage enjoué des enseignants qu'Alexandre avait croisés virtuellement lors de ses brillantes études. Il est si « exigeant avec lui-même, si coopératif avec ses camarades, si ouvert au monde, si curieux des enjeux vivants de la planète qu'envisager une récidive relèverait d'une affabulation injuste, d'un acharnement insupportable », avaient-ils soutenu.

« Nous étions alors conditionnés par les démonstrations du professeur Pierre Servent-Trieber, se défend l'un d'eux. Il nous harcelait pour que nous lui apportions notre caution. Je crois même qu'il avait menacé un de mes confrères de solliciter ses relations au ministère de l'Enseignement supérieur et de la Recherche pour briser sa carrière en cas de renoncement. Nous lui avons fait confiance autant que nous avions peur de son pouvoir de nuisance. En plus, nous ne sommes pas psychiatres ! Comment nous incriminer aujourd'hui d'une prise de position au pire hasardeuse et qui était seulement consultative ?

– Nous ne vous reprochons rien, réagit le président. Et je comprends que vous avez alors subi une pression inadmissible et difficile à éluder. »

Les compagnons de travail d'Alexandre se succèdent à la barre. Ils décrivent un homme « cynique », « sans cœur », « manipulateur », « égoïste », ils portraiturent un hiérarque « si avide qu'il en avait perdu toute éthique », « si ambitieux qu'il éliminait chaque concurrent susceptible d'entraver l'extension de son pouvoir ». « On se méfiait tous de lui », résume Paul, aujourd'hui président Europe-Middle East de WhitePop. Son plus prestigieux client, Arnaud Berne-Art, se souvient d'un « professionnel efficace », mais d'une personnalité « torve » : « Ma confiance en lui se limitait exclusivement au travail, il était impensable qu'elle s'applique au domaine privé. »

Étienne Boncas a sollicité quelques proches amis du couple pour nourrir le débat d'évocations plus nuancées ; mais contrairement à leurs promesses, ils déversent sur le prétoire une salve nauséabonde.

Le témoignage de Valérie, notamment, bouleverse l'assemblée. Vêtue d'un tailleur noir et strict, elle s'approche de la barre, esquive le regard d'Alexandre puis plonge le sien dans celui de chaque juré. Valérie avait effectué quelques remplacements à la librairie. Elle avait aussitôt sympathisé avec Laëtitia, et de cette entente était née, sinon une complicité, plutôt une *confiance mesurée*. Valérie s'était éprise de Laëtitia dans des proportions incommodantes, Laëtitia s'en était émue auprès d'Alexandre.

« Laëtitia me parlait souvent de l'épouvante que son mari provoquait au fond d'elle. Elle se sentait de plus en plus menacée, elle me disait même avoir décelé en lui la *possibilité d'un meurtrier*. Combien de fois, avec son confident François, nous lui avions conseillé de partir définitivement ! Mais sans doute, l'espoir qu'elle se trompait et la volonté d'épargner à ses enfants une crise de famille l'en avaient dissuadée. Elle est morte du mal que portait Alexandre, mais aussi de l'extraordinaire compassion qu'elle lui a prodiguée jusqu'au bout et qu'il a récompensée du plus horrible des crimes. »

Finalement, aucun des témoins cités ne se montre « surpris ».

« Monsieur le président, ce que nous voyions de sa personnalité aurait dû nous mettre en garde. Mais franchement, comment croire qu'un homme intellectuellement brillant, socialement très bien intégré, père de famille, était capable de perpétrer une telle atrocité ? se défend Paul.

— Effectivement, le disculpe son interlocuteur. D'ailleurs, je le reconnais moi-même, sa faculté de camoufler le mal confère au coupable une propriété démoniaque que je n'avais encore jamais croisée dans ma carrière. »

Au pays de Kevin Darbelat, les lois sont considérablement durcies, mais à partir de textes subtilement troubles. L'objectif est d'oxyder les libertés sans provoquer d'incendie populaire.

À cette fin, le président de la République et ses cerbères s'emploient à corréler chaque régression des libertés à une justification sécuritaire. L'apathie de la population témoigne pour une partie d'entre elle de son adoubement, pour une autre de son indécision. Cette frange sans doute majoritaire ne sait jamais comment, en réaction à son humeur – timide revendication ou violente dissidence –, le pouvoir va interpréter ces lois indéfinies. Du déni à la répression, à chaque fois prévaut l'imprévision ; or quoi de plus tétanisant pour un résistant que d'ignorer les conséquences de ses actions ? Alors, dans ces marécages savamment entretenus par le régime, la lâcheté a peu à peu évincé l'honnêteté, la couardise a disqualifié l'intégrité. Les réflexes collaborationnistes se sont désengourdis.

Étienne Boncas se lève, déploie son immense et fine carcasse. Il ajuste ses lunettes derrière lesquelles on devine deux petites gobilles noires comprimées sous les cernes, la cigarette et l'alcool. Il défroisse les plis de sa robe. Il rode bouche fermée sa voix rocailleuse, incline légèrement la nuque pour jeter sa copieuse tignasse grise en arrière. Il s'avance vers le banc sur lequel siègent les jurés. Il inspire lentement, et expire silencieusement. Son talent oratoire se niche davantage dans l'argumentation, ciselée, que dans une dialectique spectaculaire. Sous ses yeux, aucune feuille, aucune note.

Il entame sa plaidoirie.

Je suis aux premières loges Le nouveau traitement qu'il suit depuis sept mois est sacrément puissant. Nous avons reflué tant bien que mal et nous nous sommes blottis dans nos bases arrière, mais un bon tiers de mes troupes a succombé. De mon refuge situé à l'intersection de son cou et de son tronc, je suis dans d'excellentes conditions pour assister au procès. Mais qu'est-ce que son avocat va bien pouvoir plaider ? Je me délecte déjà du spectacle ridicule qu'il va donner. Je n'ai identifié aucun argument crédible, et une telle veulerie des témoins est une offrande inespérée. De toute façon, la doxa unanimement liguée contre lui et que Kevin manipule avec maestria ne laisse aucune échappatoire à l'existence d'Alexandre ; elle va pendre bientôt au bout d'une corde. Savourons ensemble le moment. À vous, Maître !

Quatre heures plus tard, Étienne Boncas referme son dossier. Il reprend son souffle, éponge son front humide, une dernière fois il fixe attentivement le regard de chaque juré puis celui de chaque magistrat, comme s'il se donnait le droit de les inspecter. Lentement, il tourne les talons et projette son buste en direction d'Alexandre. Des larmes perlent sur les joues de son client, ses propres yeux sont embués. Le silence qui recouvre le prétoire et les travées atteint l'intensité d'un récital mémorable du pianiste Evgeny Kissin ou d'obsèques tragiques envoûtées par le *Cum Dederit* de Vivaldi. Jurés et magistrats sont enveloppés dans un silence commun, le silence de chacun semble enlacé au silence de chaque autre et communier avec lui, il semble même vouloir l'alimenter et le protéger.

Puis Étienne Boncas retourne s'asseoir, dos au public, face à l'avocat général invité à son tour à s'exprimer, et à motiver puis à prononcer ses réquisitions – les nouvelles lois ont inversé l'ordre de passage des deux représentants.

Comment résumer la plaidoirie d'Étienne Boncas ? Difficile, tant sa densité a fasciné et sa sublimité a irradié. S'il faut choisir un extrait, celui-ci peut-être.

« Le mal est-il universel et intemporel ? Est-il imperméable aux cultures, aux époques, aux ethnies, aux religions ? Est-il moral, amoral, immoral ? Non. Le bien peut faire l'unanimité, mais rien n'est plus indéfinissable et subjectif que l'appréciation du mal. Ce qui ici ou aujourd'hui est mal à mes yeux, là-bas et hier était vertueux chez une autre conscience. Croyez-vous que les nazis, les Khmers rouges, les Hutus, les croisés pensaient faire le mal ? Bien au contraire ; les génocides qu'ils perpétrèrent visaient l'éradication du mal tel qu'ils concevaient collectivement le mal : une race, une religion, une conscience politique qu'ils jugeaient "être", "incarner", "propager" le mal ; une impureté ou un poison à même de les infecter. Ils exterminèrent au nom d'une "juste cause", ils massacrèrent "pour se défendre". Les djihadistes n'ont pas d'autre motivation.

« Même tuer n'est pas forcément un symptôme du mal. Poignarder pour honorer son drapeau est-il moral ? Pourtant, le soldat assassine l'adversaire alors qu'il pourrait être né de l'autre côté de la frontière et être sa victime. Écoutez *Maria*, cette déchirante chanson de Jean Ferrat qui raconte la détresse d'une mère dont les deux garçons, "l'un rouge et l'autre blanc", s'entretuent pendant la guerre civile en Espagne. L'humanité dans son histoire, et l'histoire de l'humanité des Hommes sont un perpétuel va-et-vient d'actes qu'on juge être le bien dans une circonstance et le mal dans d'autres. Vous-mêmes, dans votre foyer, avec vos collègues de travail, lors d'un dîner entre amis, n'êtes-vous pas amenés à vous écharper sur la notion du mal ?

« Du mal, il n'existe aucune mesure commune et invariable. L'acte du mal doit être distingué de l'interprétation du mal. Pour ces raisons, le mal ne doute jamais, l'évaluation du mal commande qu'il soit toujours contextualisé, le mal doit donc échapper au jugement moral. Qu'il s'agisse, comme je vais le démontrer dans le cas d'Alexandre, du mal inné – celui de son enfance – ou du mal acquis – lors de son cheminement ultérieur. »

Étienne Boncas s'interrompt quelques secondes. Il s'est aventuré dans une jungle infestée de prédateurs, une jungle dont il a peu de chances de sortir indemne. Cette jungle abrite la *véracité du mal*, qu'il ose déconstruire. Avec talent. Il brave l'inéluctable. Il manipule avec virtuosité les ambiguïtés auxquelles se confronte l'auditoire, échantillon d'une population murée dans sa *conception morale* et manichéenne du bien et du mal, mais hostile au *principe moral* susceptible de la compromettre. Il dévisage les jurés, puis il décompose l'assistance, il pressent que la foule de consciences ennemies commence d'être troublée. Le silence emmaillote le prétoire, le silence même précaire ou éphémère est espoir, pense-t-il. Son regard est d'acier, mais un acier qui ne découpe plus, un acier dont on aimerait qu'il pose sa froideur sur notre peau, comme pour rafraîchir l'épiderme incendié. Ses chances de sortir vivant de cette jungle piégeuse et inhospitalière ne sont plus exsangues. Galvanisé, il poursuit la délicate dissection des maux d'Alexandre.

« Lorsqu'Alexandre commit son premier homicide, il avait alors douze ans. Ni son corps ni son esprit n'étaient encore formés, il ne possédait pas tous les outils pour constituer son être, ni toutes les méthodes pour commencer de modeler son âme. Sa pathologie psychopathique, sur laquelle l'ensemble des spécialistes s'accordèrent alors – et qu'Alexandre d'ailleurs ne conteste pas –, résultait d'un mal endogène. Un mal imperceptible, imprévisible, un mal que ni ses parents – sans considération et donc sans attention pour leur fils –, ni ses professeurs, ni personne, d'ailleurs, n'avait suspecté. Le mal était en lui depuis sa naissance, et sans que la science puisse y apporter d'explication, un jour il explosa. Un jeune garçon en fut la funeste victime ; ç'aurait pu être un animal de compagnie ou lui-même, les circonstances en décidèrent ainsi.

« Puis les années s'étirèrent, et personne ne peut remettre en cause l'évolution spectaculaire de sa santé psychique. Brillant, respecté, aimé et même admiré : voilà les attitudes ou les sentiments qu'il suscita dans la bouche ou sous la plume de tous ceux qui le convoyèrent vers la liberté.

« Nous avons entendu les survivants de cette époque calomnier, rivaliser d'opprobre, et se désolidariser d'une décision collégiale qu'ils imputent au seul Pierre Servent-Trieber. Le tribunal de Vannes a perdu trace de cette décision, quelle disparition bienvenue ! Bienvenue, mais caduque. Voici, chers jurés, ce document manuscrit que son épouse m'a remis. Il est daté et rédigé de la main du professeur, et l'authenticité a été certifiée par deux experts près les cours d'appel de Rennes et de Paris. Qu'y est-il mentionné ? La détermination unanime des parties prenantes, avec force arguments, pour procéder à la délivrance de mon client. Je vous laisse découvrir leurs signatures en bas du parchemin.

« Mais je ne veux pas m'égarer. Car s'il révèle la lâche duplicité des témoins, s'il jette irrévocablement le doute sur l'ensemble des déclarations spécieuses qui se sont succédé à la barre, ce document n'est qu'anecdote dans ma démonstration.

« Alexandre était donc guéri. Sa carrière professionnelle fut ensuite éminente – je précise que les notations annuelles collectées dans les archives de l'entreprise invalident dans son intégralité la bile des imprécateurs cités par la partie civile. Sa vie de couple fut, pour l'essentiel, harmonieuse et souvent passionnée. Son rôle de père, il l'a exercé avec une bienveillance et une implication saluées.

« Puis, effectivement, l'orage a commencé de gronder de nouveau dans sa tête. Comme ce le fut rappelé hier, les nuages au début étaient clairs, morcelés, rares ; peu à peu, ils se sont encrés, ils se sont épaissis, ils ont fait irruption à un rythme de plus en plus rapproché. "Il ne suivait plus le protocole thérapeutique avec la rigueur exigée", argumenterez-vous tout à l'heure, monsieur l'avocat général. J'objecte dès maintenant, avec ce témoignage écrit que je porte à votre connaissance, chers jurés.

« Il émane de Mme Nathalie Verdon, récemment encore directrice adjointe de l'innovation du laboratoire Vierser. J'insiste sur l'adverbe, car le courage de dénoncer l'imposture de son employeur lui a valu d'être licenciée sur-le-champ – tout comme son mari, haut fonctionnaire, par le plus grand des hasards, a été évincé dès le lendemain du poste qu'il occupait à la préfecture de Paris. Qu'y trouve-t-on ? L'aveu, rédigé par le directeur scientifique, M. Charles Ventuit, de l'innocuité d'abord partielle puis totale du traitement expérimental dont bénéficiait Alexandre. Je traduis : plus les effets des médicaments déclinaient, plus mon client chancelait, et donc moins il était enclin à les ingérer.

« La temporalité des actes est centrale pour déchiffrer l'agissement des dirigeants du laboratoire : ils "savaient" huit mois avant qu'Alexandre commette son crime. Ils savaient donc qu'avec ce silence ils ouvraient la boîte de Pandore, ils savaient que la pathologie allait de nouveau submerger Alexandre, ils savaient que leur mutisme délivrait le monstre de ses barreaux. Ils savaient et ils n'ont rien dit, ils savaient et ils n'ont rien fait, simplement parce qu'ils voulaient préserver les intérêts financiers de l'établissement qui "misait gros" sur ce protocole, déjà agréé outre-Atlantique par la Food & Drug Administration et en passe de l'être en Europe. »

Magistrats et jurés sont hébétés, le murmure enfle parmi les spectateurs. Au pied des écrans géants qui projettent la séquence dans les rues, les attroupements grossissent, le son des palabres s'amplifie. Le public exhibait jusqu'alors un fanatisme monolithique; dans l'intimité des consciences, il semble soudainement perturbé.

Le vacillement demeure toutefois timide, la majorité des voyeurs demeure déchaînée contre la bête. « Qu'est-ce qui nous prouve que ces documents sont vrais? Falsifier et mentir, les avocats ne savent faire que ça », arguent-ils.

« Je vois que ces pièces à conviction commencent de vous... convaincre! Mais je vais vous étonner plus encore; ce n'est pas sur la foi de cette abjecte – et au final scélérate – dissimulation de la vérité que je vais fonder la désinculpation d'Alexandre. Je vais vous faire la démonstration de sa non-responsabilité que vous transfigurerez de vous-mêmes en innocence et que le tribunal, avec ses "mots à lui", traduira par une relaxe.

« Vous souvenez-vous, dans les détails, de la déposition de mon client avant-hier? Je vous la rappelle. "J'ai exercé sur Laëtitia un mal dont j'ai été, auparavant, la proie. Après l'homicide sur le jeune garçon, j'ai été soigné et j'ai guéri. Puis le mal s'est de nouveau emparé de mon corps, de mon esprit, j'ai été l'otage d'un mal dont je ne connais ni l'origine, ni les motivations, ni les ressorts. J'ai d'abord été moi-même la victime d'un mal, contre lequel j'ai lutté de toutes mes forces et qui s'est reproduit malgré moi." Tout de sa réhabilitation réside dans ces quelques phrases.

« Je pourrais faire endosser aux immoraux et frauduleux dirigeants de Vierser l'entièreté de la responsabilité du dépérissement d'Alexandre et du crime qu'il a ensuite perpétré. Mais la chronologie de cette descente aux enfers a débuté avant que l'efficacité du traitement entame son délitement.

« En réalité, le mal qui est à l'origine du meurtre de Laëtitia est tout simplement distinct de celui qui avait failli provoquer la mort du jeune garçon.

« Avant tout, messieurs et surtout mesdames les jurés, permettez-moi de conjurer toute ambiguïté. Pour cela, j'en appelle à votre clairvoyance, à votre honnêteté. Et à votre indulgence. Oui, j'ose : votre indulgence. Car, tous ensemble nous en conviendrons, l'exercice est brûlant.

« La foule a crié que le meurtre de Laëtitia était un féminicide. Entendons-nous sur le sens du vocable : selon la définition, oui, il s'agit d'un féminicide. Et quiconque connaît mon parcours d'avocat et de militant des droits humains sait ce qu'exécuter une femme signifie à mes yeux : un acte d'une ignominie telle que je me suis toujours senti incapable d'en défendre un coupable – j'aime le rappeler aux mouvements radicaux qui cultivent la misandrie et sabordent l'auguste lutte. Toutefois, selon les indices qui communément caractérisent ce forfait, celui qui nous réunit aujourd'hui doit être étudié sous un autre angle.

« L'assassinat d'une femme par son conjoint ou ex-compagnon résulte généralement, chez ce dernier, d'un processus méticuleux de harcèlement, de violences physiques, d'intoxication psychologique, d'humiliation, d'oppression, au terme duquel il achève par la mort son obsession de domestication. Insoutenable, d'aucuns clameront "indéfendable" homicide, qui réclame la plus imparable punition. Le crime perpétré par les mains d'Alexandre est-il de ceux-là ? Jamais Laëtitia n'a souffert d'agissements aussi diaboliques, jamais elle n'a subi une seule tentative de bâillonner sa liberté, jamais son époux n'a ne serait-ce qu'entravé son émancipation ou importuné son autonomie. Il se savait de toute façon bien trop coupable des désillusions, du désarroi qu'il lui inspirait pour s'aventurer dans ce maquis sordide. Ses mains se sont portées sur Laëtitia parce qu'elle seule était là au moment où le mal s'est déversé dans Alexandre, l'a instantanément séquestré puis foudroyé. En d'autres circonstances, la victime eût été un collègue, une passante, peut-être même Clothilde ou Abraham. Vous devez faire l'effort de considérer Laëtitia indépendamment de son genre.

« Ce second mal n'est donc pas intrinsèque, il est exogène. Il s'est introduit dans le corps d'Alexandre ; plus exactement, les tenants du mal originel rescapés du protocole médicamenteux ont importé dans ce corps les ferments d'un mal qu'ils sont allés marauder, picorer, capturer dans notre civilisation.

« Le mal qui a guidé les doigts d'Alexandre lorsqu'il étranglait Laëtitia prospère dans le capitalisme et l'économisme, qui couronnent ceux qui "réussissent" – quelle abominable notion –, affaiblissent, conquièrent, possèdent, accumulent, broient, vassalisent. Ceux qui instrumentalisent, humilient, rivalisent, trompent. Il se repaît de l'individualisme qui concasse les solidarités, de l'hydre technologiste qui dissout les liens entre humains. Il s'abreuve de la tyrannie matérialiste qui abêtit, des nouveaux canaux d'information et de communication qui antagonisent et désagrègent, des pouvoirs mystificateurs de l'illusion qui détournent du réel et ensommeillent l'insurrection.

Il se nourrit de l'égoïsme et du scientisme, par la faute desquels nous détruisons l'eau, le sol et l'air qui nous hébergent. Il fleurit dans l'aridité, celle de terres autrefois fertiles que la poésie, le rêve, l'innocence coloraient, épanouissaient.

« Ce mal fructifie dans une parole désormais frelatée, une parole qui exclut, une parole binaire qui expulse la nuance, une parole hostile au doux dialogue et à l'utile contradiction, une parole du bruit qui ourle celle du silence, une parole qui chloroforme la rencontre. Une parole qui invisibilise, néantise, une parole voulue dépersonnalisée afin de dépersonnaliser l'individu, afin d'uniformiser la communauté des individus, afin de camoufler la différence et de combattre la singularité. Une parole complice du chiffre et qui préfère enchanter l'instinct qu'éveiller l'interrogation, une parole simplificatrice qui recherche l'évidence plutôt que l'aventure, une parole contrôlée qui chosifie l'autre et le réduit à une matière qui n'est plus contestation ou sécession.

« Et bien sûr, dans la France d'Hugo et de Camus, aujourd'hui, ce mal exulte des propriétés du régime politique que la plupart d'entre vous [il est alors tourné vers les gradins], vous tous peut-être, avez porté au pouvoir.

« Ce régime raciste et haineux tire profit de la banalité du mal, il ostracise, ségrègue, il ghettoïse et vous dresse les uns contre les autres. Ce régime a peur et cultive la peur parce que la peur, lorsqu'elle est manipulée avec habileté, tétanise et égruge le peuple. Ce régime courbe chacun de vous sur lui-même, ce régime vous ligote à la nostalgie, il ferme vos paupières, il obstrue vos esprits. Ce régime emploie votre pleutrerie à démolir vos libertés. Ce régime claquemure votre humanité et enhardit votre lâcheté. Ce régime a fait de vous des moutons qui bêlent de plaisir parce qu'ils se croient à l'abri du loup.

« Ce mal dont il était viscéralement dissident s'est infiltré dans les viscères d'Alexandre, il a fait de lui une bête qu'il n'est pas.

« Je pourrais développer et étayer mes affirmations pendant des heures, pendant des jours. Ce n'est pas nécessaire, chaque phrase que j'ai prononcée n'appelle aucune preuve, car elle porte en elle une liste infinie de preuves. Et il n'y a qu'à observer l'attention solennelle, presque hiératique que vous prêtez à ma démonstration pour être certain que nous sommes réunis par une même évidence : le bourreau de Laëtitia n'est pas Alexandre ; le coupable, c'est l'époque qui déshumanise, c'est la civilisation vidée d'exigence éthique, c'est la disparition de toute perspective fraternelle. »

S'il croit m'intimider Brillant, l'avocat, je dois reconnaître. « Ce second mal est exogène. Il s'est introduit dans le corps d'Alexandre, plus exactement les tenants du mal originel rescapés du puissant protocole médicamenteux ont importé dans ce corps les ferments d'un mal qu'ils sont allés marauder, picorer, capturer dans notre civilisation » : la métaphore est saisissante, il ne croyait pas si bien dire ! Je ne sais pas où il est allé la chercher, mais chapeau, maître Boncas – ou plutôt *prophète* Boncas ! Bon, cela ne change rien pour moi, et aucun humain ne peut évidemment soupçonner la véracité de l'image puisque nous sommes incréées. Et je doute que cela modifie quoi que ce soit de la vindicte qui sera réservée au corps duquel je m'adresse à vous.

La plaidoirie d'Étienne Boncas décontenance chaque esprit parce qu'elle fait la démonstration qu'aucun d'eux n'est à l'abri d'être contaminé par le mal qui a saccagé Alexandre. Cette perception brise les parois de l'immunité à l'intérieur desquelles les citoyens, et donc les jurés, se pensaient protégés. Les arguments composent un électrochoc : le mal du monde a eu raison d'Alexandre, il est responsable du mal qui s'est emparé d'Alexandre, il est coupable du mal qu'Alexandre a perpétré.

Après un silence qui s'étire sur plusieurs minutes, l'avocat général se lève et démarre son plaidoyer. Mais dès les premières phrases, il bégaye, il s'égare. Il semble perdu dans d'improbables conjectures. Lui-même est commotionné, lui aussi est désarmé par cette plaidoirie qui dessille ses yeux et qui démasque son indignité. Il veut saisir l'opportunité de ne plus se mentir et de ne plus mentir. Son exposé chavire. Moins d'une heure plus tard, il conclut sa molle intervention.

Les jurés se retirent, emplis de l'éclat de l'une et de l'inanité de l'autre. De retour dans l'arène, ils confient leur verdict au président. Celui-ci, livide, se lève, marque une longue pause, et prononce la relaxe. Et les motivations ont valeur de séisme.

Avant le procès l'« accusé » était considéré en *pleine responsabilité*, à l'issue des débats il est *exempté de responsabilité*. De mémoire de magistrat, jamais dans l'histoire des assises un tel renversement du principe de responsabilité n'avait été prononcé *pendant* un procès. Surtout, cette *exemption de responsabilité* ne rapporte pas à une quelconque *irresponsabilité* liée à sa santé psychique, elle signifie qu'il *n'est pas responsable* du mal qui a provoqué la mort de Laëtitia.

Alexandre est libre.

La sidération est totale. Alexandre est pantois, Étienne Boncas lui-même est époustouflé, magistrats et jurés ont déjà abandonné les bancs et se sont repliés dans le ventre du bâtiment. Dans l'enceinte comme dans les rues du pays, la police est débordée ; les troupes avaient été dimensionnées pour un verdict qui faisait l'unanimité dans la joie, elles se retrouvent à matraquer une foule révoltée contre le jugement – dissidents et « retournés » triomphent en silence.

Alexandre et son avocat sont immédiatement soustraits à la horde. Ils demeurent à l'intérieur du tribunal le temps que l'évacuation s'achève. Puis, par une discrète porte de service, ils quittent l'édifice, s'engouffrent dans une berline, et quittent Paris.

# L'épilogue

La nuit recouvre les toits et les ruelles emberlificotées de Saint-Véran-les-Ausses. La nuit, donc, mais aussi le silence, qu'interrompent un jappement sourd ou le chant bref d'un coq, le doux tintement des cloches qui s'échappent de l'église accrochée au flanc de la montagne.

Dans ce paisible hameau haut-savoyard résident à peine trois cent cinquante habitants. La plupart sont issus de familles séculaires de la vallée, ils perpétuent la tradition de l'élevage, de la culture de fruits et de la fabrication de fromages. Certains commandent des troupeaux de chèvres, de moutons et de vaches qu'ils chaperonnent près des cimes pendant la transhumance. Une jeune population, épuisée par le tumulte de la vie urbaine et l'effervescence parisienne, a peu à peu migré. Elle est venue se ressourcer dans la plénitude d'une nature encore épargnée par la sophistication, et participe à renouveler une démographie moribonde. Ces destins très distincts cohabitent harmonieusement.

Pierre Savellat est l'un de ces nouveaux venus.

Il est installé depuis huit mois dans un modeste mais coquet chalet qui surplombe l'épicentre du hameau. Il n'est pas marié, n'a pas d'enfants, et il exerce la profession de compositeur de musique pour documentaires. Tout en discrétion, il s'est vite intégré à la petite communauté.

Pierre est Alexandre.

Il a bénéficié d'un dispositif que l'exécutif et le Parlement à la botte de Kevin Darbelat n'avaient pas encore songé à supprimer: le droit à une nouvelle identité lorsque la menace de représailles sanguinaires est avérée.

Comment ont-ils su? Comment l'ont-ils démasqué? Nul ne le sait, même s'il est aisé de soupçonner quelque affidé de l'institution judiciaire d'avoir déterré puis fait ruisseler l'information jusqu'au hameau. Après tout, peu importe.

Cette nuit sépulcrale d'automne, une vingtaine d'habitants se déplacent avec précaution dans les ruelles. La colonne s'apparente aux troupes de choc du Groupement d'intervention de la sécurité intérieure, le GISI, célébrées dans les innombrables émissions de propagande que les chaînes de télévision privées et d'État consacrent à la lutte contre la délinquance, les violences urbaines et l'immigration. À sa tête, un jeune sympathisant zélé du groupuscule Identité et Pureté. Il a distribué les armes et réparti les rôles, la bande encercle désormais le chalet à l'intérieur duquel Pierre vient d'allumer un feu de cheminée et s'apprête à lire *Gibier d'élevage*, le sombre chef-d'œuvre de Kenzaburō Ōe. Cruelle synchronie.

L'étau se resserre sur Pierre, Alexandre ignore tout de l'intrigue qui se déploie autour de son refuge. Soudain le caïd brise la vitre du salon, dans son sillage la vingtaine de croisés fait irruption en hurlant et se rue sur la proie. Alexandre réussit à leur échapper, il se précipite vers l'arrière du salon, pénètre dans le garage, sa main saisit une lampe de poche en vue sur l'établi, et il s'enfuit par une porte qui ouvre sur la montagne. De là, il entreprend une course apeurée, une fugue enragée dans la nuit.

Il prend la direction de la forêt, où il espère se cacher des assaillants, peut-être même envisage-t-il de les semer. Pourtant, il ne peut se mentir à lui-même : que vaut son excellente condition physique face à une horde déchaînée qui déferle sur son terrain de braconnage préféré ?

La traque s'effectue dans les règles de l'art de la battue au sanglier. Les poursuivants sont disposés en ligne, chacun doté d'une puissante torche capable d'éclairer à une centaine de mètres. Ils remontent la forêt, ils savent qu'elle respire de clairières, qu'elle se rétrécit progressivement jusqu'à devenir un bois qui s'interrompt brutalement au bord d'un précipice infranchissable.

Alexandre ne connaît pas la topographie, il court en apnée, il court droit devant lui à travers l'épaisse végétation, il serpente entre les épicéas, il s'écorche sur chaque branche de résineux. Il trébuche et se relève, il s'écroule et se relève, il sinue jusqu'à atteindre la fatale extrémité. Là, il découvre l'abîme, si profond et vertical que la lumière se perd dans le vide.

Le désespoir l'étreint.

Il rebrousse chemin aussitôt et reprend sa course. Il zigzague, il est abasourdi. Jusqu'à présent la terreur énergisait ses jambes, maintenant elle s'est muée en panique qui freine l'élan. Il est dans la peau du renard qui se résigne face aux meutes de chiens, de chevaux et de guerriers qu'il obsède. Soudain, le jappement des molosses qui ceignent le périmètre. Une heure a suffi aux malinois du caïd pour fondre sur lui. Pierre poursuit sa fuite, mais les lumières des torches ont commencé de converger et forment désormais un faisceau.

Il s'est retranché à l'abri de quelques mélèzes, il se blottit contre les racines, les lointains aboiements sont devenus des hurlements qui dévastent son ouïe. Sa cage thoracique s'asphyxie, elle est prête à exploser. Les pupilles des chiens brillent dans le noir, elles transpercent les hautes herbes, elles le paralysent. Les fauves ont cessé de rugir, maintenant ils grondent, et se tiennent à quelques mètres d'Alexandre. Toutes les lumières, et même celle de la lune, confluent sur Pierre. Elles progressent vers lui lentement, au rythme de pas qui ne courent plus, au rythme de pas qui marchent sereinement, fièrement. Triomphalement.

La chasse s'achève.

Les giboyeurs encerclent la bête. La bête halète. Elle tremble de froid, elle suffoque d'effroi.

L'un d'eux s'approche d'elle, il met un genou à terre et la fixe. Alexandre reconnaît l'affable épicier chez qui il se ravitaille chaque semaine. Derrière lui, le fusil fermement tenu entre ses mains mafflues, le cafetier débonnaire chez qui le matin il consomme un chocolat chaud en parcourant la presse. Un peu à l'écart, des gueules déchirent la nuit. Pierre devine le visage du fermier qui lui offre des fromages, celui du maire qui l'a convié à dîner la semaine précédente, celui du compagnon de randonnée qui l'entraîne le dimanche sur les sentiers embaumés.

Tous reprennent leur souffle et contemplent le trophée. Le chef des brutes murmure quelques instructions à ses lieutenants, puis comme le chœur entame le *Sanctus* du *Requiem* de Mozart, une masse humaine se rue sur Alexandre. Elle roue de coups, crève les yeux, lacère les bras, fracasse les jambes, éventre. La scène est d'une sauvagerie innommable, le silence qui enveloppe le déchaînement de haine lui confère une cruauté supplémentaire. Quelques minutes plus tard, le visage rouge de sang, les reliefs du visage ragréés par les coups, les rides du visage comblées par la terre que les coups ont charriée, le regard qui a rendu l'âme sous des coups auxquels il n'a pas opposé de résistance, Pierre est ligoté. Puis ses tortionnaires entament leur retour.

La lune est pleine et nacre le ciel constellé, elle irise l'itinéraire de son halo orangé, elle pave le chemin de son message crépusculaire, de sa prophétie funèbre. Enfin, la nuit s'éteint. L'aube prend ses quartiers, le soleil débute son œuvre. D'abord il frappe la calotte des pics et le faîte des crêtes, puis il blondit les parois de granit, étincelle sur les pâturages, parvient au village et apaise le noir des ardoises. L'expédition atteint la place principale, des dizaines d'habitants y sont déjà rassemblés, qui attendent fébrilement l'attraction. Le caïd et sa phalange pendent la charogne par les pieds. On chante, on boit, on hurle sa joie et sa fierté, on louange son courage et sa loyauté, on célèbre les chasseurs héroïques qui ont profané l'âme du diable et bravé la mort pour sauver la communauté.

Au premier rang de la ronde se tiennent Clothilde et Abraham.

Depuis son incarcération et après sa libération, Pierre n'a jamais été autorisé à les rencontrer. Ils sont élevés par leurs grands-parents maternels, et lorsque le projet a été ourdi, ils ont été discrètement amenés là.

Alexandre est décroché de la potence, et jeté à terre. Les spasmes qui traversent son corps sont la seule expression que son corps vit encore. Une vieille femme s'approche de lui.

Elle lui lance une pierre. Un adolescent sort des rangs, et répète le geste. Puis un, puis deux, puis tous les villageois participent à la lapidation. La fureur, l'exaltation est à son acmé.

Le calvaire est fini. Les spasmes ont cessé. Un ultime soubresaut, et le tronc se statufie. Le corps de Pierre est vidé de sa vie. Les croque-morts le démembrent, allument un bûcher ambulant sur lequel ils le déposent, et paradent dans les rues. La braise calcine lentement le sarcophage. Du haut de leur balcon, les plus âgés saluent la procession à coups de verres de gnôle.

Le village devait être la pâque d'Alexandre. Il est son Golgotha, il est sa crucifixion, il est son tombeau.

Clothilde et Abraham ont assisté à chaque étape de la géhenne. D'abord, l'épouvante a paralysé leur visage, il a étranglé leur voix, il a pétrifié leurs membres, leur corps a vomi l'épouvante. Puis, comme la meute l'avait pressenti, les deux regards diaphanes ont commencé de se réchauffer, les joues se sont colorées, les lèvres se sont décousues et ont laissé s'écouler des bribes de voix, le cou, les bras et les jambes ont commencé de se mouvoir. Peu à peu, sur leur visage, les expressions de l'indifférence puis celles de l'anoblissement se sont substituées aux stigmates de l'horreur.

Victoire Je réunis à la hâte mes 3 054 228 « autres ».

« L'heure est venue, pour nous, de disparaître. Nous ne voulions pas la mort d'Alexandre, mais les fantassins du mal ont obtenu la mort de Pierre. Nous devons nous incliner. Réjouissons-nous toutefois : d'autres "autres" poursuivent notre œuvre ailleurs. Ils sont dans le corps de Clothilde et d'Abraham, ils sont dans celui de chaque Homme qui éviscère l'humanité des Hommes. La victoire est en vue. »

Références

p. 71, 72-75 : Denis Lafay, *Où va-t-on ?*, La Tour-d'Aigues, l'Aube, 2022.

p. 71, 74 : Johann Chapoutot, *Libres d'obéir ; le management du nazisme à aujourd'hui*, Paris, Gallimard, 2020.

p. 82 : Santiago Amigorena, *Le ghetto intérieur*, Paris, P.O.L., 2019.

p. 142 : Kenzaburō Ōe, « Gibier d'élevage » (1948), in *Dites-nous comment survivre à notre folie*, Paris, Gallimard, 1982.

Pour limiter l'empreinte environnementale de leurs livres,
les éditions de l'Aube font le choix de papiers
issus de forêts durablement gérées et de sources contrôlées.

Achevé d'imprimer en janvier 2024
sur les presses de l'imprimerie Firmin-Didot
pour le compte des éditions de l'Aube
331, rue Amédée-Giniès, F-84240 La Tour-d'Aigues

Numéro d'édition : 5918
Dépôt légal : février 2024
Numéro d'impression : 177894

*Imprimé en France*